国家社会科学重大项目"伟大建党精神及其同中国共产党精神谱系关系研究"（21&ZD025）阶段性研究成果
国家社会科学一般项目"中国共产党群众工作制度建设文献整理与研究"（20BDJ084）阶段性研究成果
"高校中国共产党伟大建党精神研究中心"部分研究成果

给青少年讲新四军
老战士的故事

荣誉主编　　刘苏闽

主　　编　　张　玲　张　杨

上海交通大学出版社
SHANGHAI JIAO TONG UNIVERSITY PRESS

内容提要

本书收集、整理26位参加抗日战争、新中国成立后长期在上海工作和生活的老战士的事迹，主要以他们本人口述资料为依托，结合个人档案、公开著述、权威史料和家属提供的信息，形成通俗易懂、生动活泼的真实故事，展示了新四军老战士在革命年代尤其是在抗日战争时期经历的峥嵘岁月，激励新时代青少年，赓续红色血脉！

图书在版编目（CIP）数据

给青少年讲新四军老战士的故事 / 张玲, 张杨主编
. —上海: 上海交通大学出版社, 2023.9
ISBN 978-7-313-29163-9

Ⅰ.①给…　Ⅱ.①张…②张…　Ⅲ.①新四军-史料
-青少年读物　Ⅳ.①E297.3-49

中国国家版本馆CIP数据核字（2023）第146518号

给青少年讲新四军老战士的故事
GEI QINGSHAONIAN JIANG XINSIJUN LAOZHANSHI DE GUSHI

主　　编：张　玲　张　杨

出版发行：上海交通大学出版社　　　　地　　址：上海市番禺路951号
邮政编码：200030　　　　　　　　　　电　　话：021-64071208
印　　制：上海颛辉印刷厂有限公司　　经　　销：全国新华书店
开　　本：880mm×1230mm　1/32　　印　　张：10.75
字　　数：205千字
版　　次：2023年9月第1版　　　　　　印　　次：2023年9月第1次印刷
书　　号：ISBN 978-7-313-29163-9
定　　价：58.00元

本书编委会

习近平总书记给上海市新四军历史研究会
百岁老战士们的回信

习近平给上海市新四军历史研究会
百岁老战士们的回信

上海市新四军历史研究会的百岁老战士们：

你们好！来信收悉。你们青年时代就投身革命，为党和人民事业英勇奋斗，期颐之年仍心系党史宣传教育，深厚的爱党之情令人感佩。

对中国共产党人来说，中国革命历史是最好的教科书，常读常新。你们亲历了中华民族迎来从站起来、富起来到强起来伟大飞跃的历史进程，更懂得我们党的初心和使命。全党即将开展党史学习教育，希望老同志们继续发光发热，结合自身革命经历多讲讲中国共产党的故事、党的光荣传统和优良作风，引导广大党员特别是青年一代不忘初心、牢记使命、坚定信仰、勇敢斗争，为新时代全面建设社会主义现代化国家而不懈奋斗。

祝大家生活幸福、健康长寿！

习近平

2021年2月18日

上海市新四军历史研究会百岁老战士给习近平总书记的信

上海市新四军暨华中抗日根据地历史研究会

尊敬的习近平总书记：

您好！

我们是上海市新四军历史研究会 46 位年逾百岁的新四军老战士，最年长的施平同志已 110 岁。值此 2021 年新春佳节来临之际，我们给总书记拜年！衷心地祝您身体健康，新春愉快！祝全国人民幸福安康！

今年是中国共产党百年华诞，我们作为中国革命的亲历者心潮澎湃，激情豪迈。中国共产党的诞生，给苦难深重的中国人民带来了希望，使古老的中华民族迎来了复兴的曙光。忆往昔，在中华民族生死存亡最危急的时刻，我们毅然决然地选择跟着中国共产党抗日救亡，光荣地加入了新四军，奔向大江南北的战场，为民族独立和人民解放英勇杀敌，团结奋战。抗日战争胜利后，我们又历经了解放战争、抗美援朝战争的战火考验，历经了社会主义革命建设和改革开放的峥嵘岁月。党的十八大以来，我们豪迈地跨入了中国特色社会主义新时代。作为走过百岁人生的老党员、老战士，我们亲眼见证了中华民族在中国共产党领导下，中国人民迎来从站起来、富起来到强起来的伟大飞跃。始终坚信一个伟大的真理：没有共产党，就没有新中国；只有共产党，才能实现中华民族的伟大复兴。

几十年来，我们遵循党的教导，铭记初心，践行使命，努力为党的事业奋斗，党和人民给予了很高的荣誉和待遇。离休后，我们积极发挥余热，参加了上海市新四军历史研究会的活动。上海市新四军历史研究会成立41年来，在各级党委领导和老一辈无产阶级革命家关心指导下，坚持以马列主义、毛泽东思想和中国特色社会主义理论为指导，把握正确的政治方向，以学习、研究、宣传、服务为主要任务，以史为鉴，资政育人；以学术研究为重点，抓好史料征集，建立老战士与党史军史专家学者相结合的研究队伍，编纂《新四军研究》《新四军与上海》等学术专著和老同志回忆录近200本；与60多个学校、部队、街道、企事业单位结对共建社会主义精神文明，开展"四史"教育，举行各种纪念活动，传承红色基因；创办《大江南北》杂志，宣传以爱国主义为核心的民族精神和以改革创新为核心的时代精神，弘扬主旋律，提供正能量，为培育社会主义核心价值观服务。研究会多次受到上海市社科联表彰，2016年被全国哲学社会科学联合会评为先进学会。

您十分尊重和关怀老同志，高度重视发挥"五老"的重要作用。让我们记忆犹新的是，我会工作得到了您长期的亲切关怀和大力支持。早在1995年您担任福州市委书记时，在百忙中接受了我会《大江南北》杂志的专访。1997年，您担任福建省委副书记时，为《大江南北》杂志撰写了学习贯彻党的十五大精神的重要文章。2007年纪念中国人民解放军建军80周年，您作为上海市委书记，专门发来贺信，对我会工作给予充分肯定和鼓励。要求我们"秉承历史，再接再厉，为开展爱国主义、社会主义和革命传统教育作出新的更大的贡献。"这些，使我们深受教育和鼓舞。我们一定遵照您的指示，把红色基因传承好，把红色资源利用好，把红色传统发扬好，为实现中华民族伟大复兴作出新的贡献。

　　雄关漫道真如铁，而今迈步从头越。人的生命是有限的，而党的事业是任重道远而一往无前的。在迎接中国共产党百年华诞来临之际，我们深切地缅怀为中华民族百年复兴而英勇献身的无数革命先烈和战友，感恩几十年党的培养教育，珍惜光荣历史，永保政治本色，为实现伟大的共产主义理想，生命不息，奋斗不止！

　　衷心地祝愿伟大的中国共产党在跨越百年华诞后，带领中国人民创造更加灿烂辉煌的明天！

　　此致

　　　　敬礼！

　　　　上海市新四军历史研究会的百岁老战士

　　　　　　　2021 年 1 月 20 日

百岁老战士代表签名

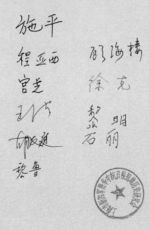

序

伟大建党精神蕴育新四军铁军精神

刘苏闽

伟大建党精神是中国共产党精神之源，也是中国共产党人精神谱系的历史源头。新四军继承了北伐战争中叶挺独立团和井冈山时期红四军的光荣传统，在三年游击战争和抗日战争中，孕育铸造了铁军精神。新四军铁军精神是党和人民军队革命精神与新四军斗争实践相结合的产物，是对伟大建党精神的继承和发扬。铁军精神不仅激励一代代中国军人为祖国、为人民抛洒热血，在新时代更加鼓舞着全党全国人民顽强奋斗、开拓进取，对实现中华民族伟大复兴具有重要的现实作用。

党的十九届六中全会通过的《中共中央关于党的百年奋斗重大成就和历史经验的决议》指出："在革命斗争中，党弘扬坚持真理、坚守理想，践行初心、担当使命，不怕牺牲、英勇斗争，对党忠诚、不负人民的伟大建党精神。"习近平总书记在庆祝中国共产党成立100周年大会上的讲话中指出："一百年来，中国共产党弘扬伟大建党精神，在长期奋斗中构建起中国共产党人的精神谱系，锤炼出鲜明的政治品格。"伟大建党精神是党的精神之源，也是中国共产党人精神谱系的历史源头，弘扬伟大建党精神对于实现中华民族伟大复兴具有重要意义。

2022 年我们迎来中国人民解放军建军 95 周年、新四军组建 85 周年纪念日。新四军作为中国共产党领导的一支重要的抗日武装，在全民族抗战爆发后驰骋于大江南北，不畏艰难险阻、不怕流血牺牲，为中国人民抗日战争和世界反法西斯战争的胜利立下不朽功勋。同时，在伟大建党精神指引下，广大新四军指战员继承发扬了叶挺独立团、红四军和南方红军游击队的革命精神与优良传统，用热血和生命锻造了新四军铁军精神，其内涵为：听党指挥、坚守信念的军魂意识；忠诚使命、救国为民的宗旨情怀；英勇善战、奉献牺牲的钢铁意志；团结一致、严纪守法的优良作风；艰苦奋斗、务实创新的进取精神。铁军精神的孕育产生，充分印证了伟大建党精神的强大生命力和核心创造力。

一、铁军精神的形成与发展

精神作为社会意识的一种形式，是时代发展的反映和特定历史时期的产物。正是艰苦卓绝的革命战争，锤炼了新四军铁一般的意志，凝聚成为新四军铁军精神。而铁军精神的形成也经历了与时俱进、不断发展、逐渐完善的过程，从时间维度可分为四个阶段。

（一）第一阶段（1926 年 1 月—1927 年 7 月），从铁军形成到铁军精神的开创。北伐战争中，中国共产党领导的叶挺独立团浴血奋战，开创了铁军精神。1924 年 1 月，孙中山在中国共产党支持帮助下，召开了国民党第一次全国代表大会，确定执行"联俄、联共、扶助农工"三大政策，实现第一次国共合作，同时决定出师北伐，推翻帝国主义和封建军阀在中国的反动统治。

北伐战争前，已有大批共产党员在黄埔军校和国民革命军中从事政治工作。1924 年 11 月，经苏联顾问团的建议，中共两广区委书记陈延年、区委军事部长周恩来与孙中山磋商，成立了建国陆海军大元帅府铁甲车队（简称铁甲车队），全队 150 余人，队长徐成章、副队长周士第（后任队长）、党代表廖乾吾及主要骨干都是共产党员。1926 年元旦，国民革命军第四军第十二师第三十四团改为国民革命军第四军独立团，由叶挺任团长，也称叶挺独立团。该团由中共广东区委直接领导，叶挺等 20 余名共产党员担任了连排级以上各领导职务，并将铁甲车队并入该团。叶挺任团长后，始终坚持共产党对部队的领导，团内设立了党支部，连里设立了党小组。他重视加强思想政治教育，实行官兵平等、坚持从严治军，在苦练精兵上下功夫。

1926 年 5 月，叶挺独立团作为北伐军先遣队从广东肇庆出发。路经广州时，周恩来代表广东区委向全团连以上干部作动员，鼓励独立团在北伐中发挥先锋模范作用。7 月，国民革命军 8 个军 10 万人出师北伐。第四军叶挺独立团作为北伐先头部队，率先北上。在友军配合下，独立团首战渌田，长驱醴陵，力克平江，奇袭汀泗桥，大战贺胜桥，攻克武昌城，一路所向披靡，为第四军赢得了"铁军"的称号。叶挺也因此获得了"北伐名将"称号。

1926 年 9 月 30 日，广州《国民日报》发表的《第四军前方破敌志要》报道："自克平江之后，即兼程迫敌，奋不顾身，攻打汀泗桥与贺胜桥，独奏奇功，将吴贼精锐，全部消灭。铁军之号，遂洋溢于湘鄂之间。"1927 年 1 月，武汉军民欢庆北伐胜利，武汉粤桥联欢社把在汉阳兵工厂特制的一面铁盾赠给第四军，由叶挺代表第四军接受了这块铁盾牌。盾牌正面嵌着红漆的"铁军"隶书大字，背面刻有一首诵诗："烈士之血，主义之花，四军伟绩，威震遐迩。能守纪律，能毋怠夸，能爱百姓，能救国家。摧锋陷阵，如铁之坚，革命抱负，如铁之肩。功用若铁，人民倚焉，愿寿如铁，垂忆万年。"

铁军荣誉的诞生，叶挺独立团功不可没。许多人对叶挺独立团都有"铁军"的认知。该团参加北伐时间最长，战绩显著，牺牲很大。从 1926 年 6 月至 10 月，伤亡士兵1 200 多人，军官 60 多人。仅贺胜桥一役，独立团就牺牲官兵 191 人，占第四军牺牲人数总数的 40%，正像武汉洪山烈士陵园的独立团北伐阵亡官兵烈士墓碑上所铭刻的那样："诸烈士的血铸成了铁军的荣誉。"苏联顾问捷斯连科曾回忆说："1927 年 1 月，我以军事顾问的身份被派到叶挺那里去，在这以前，叶挺是独立团团长，这个团由于英勇顽强而被称为'铁军'。"北伐军政治部副主任郭沫若曾以"党军建立一雄团"的诗句颂扬叶挺独立团。[1]

（二）第二阶段（1927年8月—1934年9月），中国共产党独立领导的革命武装斗争拓展和升华了铁军精神内涵。1927年4月12日，国民党内反动集团背叛革命。面对国民党反动派残酷屠杀共产党人和革命人士的行径，经过大革命锻炼的共产党人，积极组织领导了南昌起义、秋收起义、广州起义等上百次武装起义。

参加三次大规模武装起义的部队，主要是由中国共产党直接掌握或受中共影响较深的部队。南昌起义中贺龙领导的第二十军和叶挺率领的第十一军第二十四师及叶挺独立团扩编后的第四军第二十五师是起义主力。参加秋收起义的主力包括两个部分：一部分是没有赶上参加南昌起义的原国民革命军第四集团军第二方面军总指挥部警卫团（由叶挺独立团的新兵组建），另一部分是湖南平江和浏阳的农军、鄂南通城和崇阳的部分农民武装、安源煤矿的工人武装等。广州起义以工农武装与军队相结合，参加起义的第四军军官教导团和警卫团（一部）均属铁军系列。教导团由中央军事政治学校武汉分校改编，第四军参谋长叶剑英兼任团长。

进入中国共产党独立领导武装斗争新阶段后，红军部队继承了北伐战争时期的铁军精神，决心把自己领导的军

---

[1] 中国新四军和华中抗日根据地研究会：《铁军精神研究》，军事科学出版社，2007年版，第2页。

队建成"铁的红军",甚至不约而同地使用了"四军"作为番号。1928年4月,朱德、陈毅带领南昌起义余部和湘南农民革命军上井冈山,与毛泽东领导的秋收起义部队会师,编为工农革命军第四军(后改称红四军)。1928年7月,贺龙将创建的湘鄂边地区红军部队编为红四军,后改为红二军。1931年1月,黄麻起义后建立的第一军和第十五军合编后,也称红四军。这三个"红四军"就是红军三大主力第一、第二、第四方面军的前身。

在这一历史时期,以毛泽东同志为代表的中国共产党人创造性地将武装斗争与土地革命、根据地建设有机地结合起来,实行"工农武装割据",创立了井冈山根据地,并向赣南、闽西进军,开辟了中央苏区,初步开创了中国革命由农村包围城市、武装夺取全国政权的正确道路。党和人民军队以及根据地建设发展也进入了新阶段,形成了井冈山精神和苏区精神。特别是1929年12月召开的中国共产党红军第四军第九次代表大会形成的决议,确立了思想建党、政治建军的基本原则,这是建党建军的伟大纲领和极为重要的里程碑。叶挺独立团在北伐战争时期形成的铁军精神从中得到了全面拓展和升华,形成质的飞跃。

(三)第三阶段(1934年10月—1937年9月),南方红军三年游击战争精神成为新四军铁军精神的来源和基础。1934年10月,红军第五次反"围剿"失败,主力红军开始长征。留在南方八省的红军部队和游击队顽强拼搏了三年。面对严峻复杂的形势与生死考验,红军游击队坚持党组织的领导，坚定必胜的信念，紧密依靠群众，有力地配合和策应了主力红军的战略转移，保存了党在南方的战略支点，为组建新四军北上抗日打下基础。

1937 年 12 月 13 日，中共中央对此作出高度评价："项英同志及南方各游击区的同志在主力红军离开南方以后，在极艰苦的条件下，长期坚持了英勇的游击战争，基本上正确地执行了党的路线，完成了党所给予他们的任务，以致能够保存各游击区在今天成为中国人民反日抗战的主要支点，使各游击队成为今天最好的抗日军队之一部。这是中国人民一个极可宝贵的胜利。""他们的长期艰苦斗争精神与坚决为解放中国人民的意志，是全党的模范。政治局号召全党同志来学习这些同志的模范。"①

毛泽东评价，南方游击区是我们和国民党十年血战的结果的一部分，是抗日民族革命战争在南方各省的战略支点。彭真在抗战胜利后，对东北抗联主要负责人周保中说，在中国共产党人二十多年的革命斗争中，有三件最艰苦的事，第一件是红军的二万五千里长征，第二件是南方红军的三年游击战争，第三件就是东北抗联的十四年苦斗。1942 年，陈毅在《给罗生特同志的信》里曾提到，三年游击战争，是他在革命斗争中所经历的最艰苦最困难的阶段。南方的三年游击战争，也同二万五千里长征一样，证明了中国共产党是一个不可战

---

① 中国人民解放军历史资料丛书编审委员会：《新四军：文献（1）》，解放军出版社 1994 年版，第 17 页。

胜的伟大力量。艰苦卓绝的三年游击战争，淬炼了红军游击队的斗争精神。游击战争中凝聚、发扬的精神正是在伟大建党精神指引下，与苏区精神和长征精神一脉相承、相互交融，又因面临的情况和斗争实践的差异，表现出不同的特点和内涵。

（四）第四阶段（1937年10月—1947年1月），抗日战争和解放战争初期丰富并重塑了铁军精神。1937年7月7日，全民族抗战爆发。为争取全国上下最广泛的救亡力量，国民党当局被迫实现第二次国共合作，将长征到陕北的红军主力和南方八省红军游击队分别改编为八路军和新四军。

新四军自成立之日起，就与铁军紧密联系在一起，叶挺独立团团长和新四军军长同为叶挺。其诞生的背景都是国共合作，两支部队均属于国民革命军，实质上都是由共产党创建和领导的部队。叶挺和新四军其他领导人，注重发扬铁军精神。正如陈毅执笔、新四军军部集体创作的《新四军军歌》歌词中所写的，"光荣北伐武昌城下，血染着我们的姓名，孤军奋战罗霄山上，继承了先烈的殊勋"，"东进，东进，我们是铁的新四军"。项英在《保持和发扬新四军的优良传统》一文中指出："新四军主要依靠于长期斗争中所创造与继承的革命优良传统，来构成我军特殊战斗力，加以长期作战经验与灵活运用战术，故能以最劣势的装备对抗优势的日本而取得胜利。""我们依靠这些优良传统构成军队惊人的战斗力，来克服任何困难成为不被

（敌）人战胜的军队。"[①]

　　新四军组建后面临诸多困难，例如部队兵力薄弱、武器装备落后、物资保障匮乏、环境地形恶劣以及敌情严峻社情复杂等。面对新的作战对象和使命任务，要以弱小的兵力战胜强大的敌人，必须在继承共产党军队优良传统的基础上，培育一种新的革命精神。因此，以伟大建党精神为指引，重塑铁军精神就有了必然性和特殊意义。

二、铁军精神与伟大建党精神的联系

　　伟大斗争孕育伟大精神。新四军铁军精神与伟大建党精神所孕育的抗战精神、东北抗联精神、南泥湾精神、太行精神（吕梁精神）、沂蒙精神等一脉相承、交融互通。新四军的铁军精神是对伟大建党精神的继承发展，是党和人民军队传统革命精神与新四军抗战实践相结合的产物，具体可概括为五个方面。

　　（一）听党指挥、坚守信念的军魂意识。伟大建党精神第一条是"坚持真理，坚守信念"，这是对中国共产党人理想信念和价值追求的集中表达，是对马克思主义的信仰和共产主义信念的执着追求，是对实现党的奋斗目标和纲领路线的不懈奋斗，始终是中国共产党人战胜艰难险阻和经受住任何考验的精神支柱。新四军是中国共产党绝对

---

① 军事科学研究院《项英军事文选》编辑组：《项英军事文选》，中共中央党校出版社 2003 年版，第 614 页。

领导下的人民军队，不论在任何情况下，都必须坚持以党的旗帜为旗帜、党的信念为信念、党指引的方向为方向。听党指挥、坚守信念的军魂意识，集中体现了建党精神中的本质要求，是铁军精神的核心，是永远不变的军魂。

1937 年 8 月 1 日，中共中央在《关于南方游击区域工作的指示》中明确强调，南方红军游击队改编为新四军，必须坚持"保存与巩固革命武装，保障党的绝对领导"的原则。[1] 叶挺在接到国民党的委任令后，没有按蒋介石的意图立马就职，而是先到南京八路军办事处，与中共代表博古、叶剑英等接洽，声明完全接受共产党的领导，愿意去延安面陈，是否就职新四军军长由中共中央作最后决定。在延安欢迎大会上他坚定地表示："一定遵照党指示的道路走，在党和毛主席的正确领导下，坚决抗战到底。"[2] 为了加强党的领导，成立了以项英为书记的中共中央军事委员会新四军分会，建立和健全了党的各级组织，做到连有支部、团有军政委员会和党总支、支队建立军政委员会和党务委员会。1939 年，共产党员已占全军人数的40%。1938 年 6 月和 1939 年 1 月，新四军两次召开政治工作会议，完善了各级政治机关建设和政治工作制度，确定了战时政治工作的方针、任务、政策和工作方式方法。

---

[1] 中国人民解放军历史资料丛书编审委员会：《新四军：文献（1）》，解放军出版社 1994 年版，第 12 页。

[2] 中共惠阳地委党史办公室，中共惠阳县委党史办公室：《叶挺研究史料》，广东人民出版社 1987 年版，第 713 页。

1939 年 7 月，新四军召开第一次党代表大会，强调各级党组织必须坚决贯彻党的路线方针政策，坚持大江南北抗战，进一步加强党的建设，充分发挥共产党员的先锋模范作用，确保部队建设正确的政治方向和广大指战员坚定的政治信念。

"皖南事变"后，新四军军部重建，刘少奇作为中共中央华中局书记和新四军政治委员，注重加强新四军党的建设，为铸就铁军精神作出了贡献。陈毅旗帜鲜明地提出建设正规化的党军，强调指出："正规化党军的第一个要求，是在政治上保证党在军队中的绝对领导，养成全军服从党的领导的天性，执行党的政策的完整性，执行命令的坚决性。强化并巩固政委制度及政治工作制度，保持和发扬我军的革命的优良传统。"①

（二）忠诚使命、救国为民的宗旨情怀。伟大建党精神的第二条是"践行初心，担当使命"，第四条是"对党忠诚，不负人民"。践行初心、担当使命，就是始终把为中国人民谋幸福、为中华民族谋复兴作为中国共产党人的初心和使命。对党忠诚、不负人民，就是时刻把党和人民的利益放在第一位，坚持党性和人民性相统一。新四军的使命是抗日救国，宗旨是服务人民。"忠诚使命、救国为民"的宗旨情怀，是新四军的立军之本。

西安事变后，南方红军游击队为停止内战、一致抗日

---

① 陈毅：《陈毅军事文选》，解放军出版社 1996 年版，第 124 页。

而积极努力。新四军组建后，南方各省红军游击队迅速集结，奔赴抗日前线，英勇杀敌。政治上，新四军逆着国民党军大溃退毅然挺进敌后，在沉闷的沦陷区炸响了一声春雷，振奋了中国军民的抗日精神，政治影响大，战略地位高。经济上，新四军切入人口稠密、资源丰富、交通发达的华中敌后，在日伪军指挥中枢的周围和补给通道两侧开展游击战，遏制了敌军"以战养战"的企图。军事上，新四军把日军后方变成前线，粉碎日伪"扫荡""清乡"，从局部反攻到全面反攻，对日伪作战 2.46 万余次，毙伤敌 29.37 万余人，俘敌 12.42 万余人，另有 5.4 万余日伪军投诚反正，光复国土 25.3 万平方公里，解放人口达 3 420 余万，成为华中抗日主力军。中国是世界反法西斯战争东方主战场，新四军最多时抗击和牵制日军 16 万，占侵华日军总数 22%；伪军 23 万，占总数 30%，并积极配合盟军作战，为中国抗日战争和世界反法西斯战争胜利建立了不朽的功勋。

救国与为民是一致的。新四军忠实地践行全心全意为人民服务的宗旨，为民族解放献身、为人民幸福奋斗。新四军不仅为人民而战，而且努力为群众排忧解难，密切军民关系。每到一地，他们便主动了解民生疾苦，宣传组织群众，铲除邪恶势力，成立各种救亡组织，发动群众减租减息，建立"三三制"抗日民主政权，实行精兵简政。新四军初到岩寺时，军部和支队领导就率部帮助群众耕田播种插秧，还办起了夜校，教农民识字，宣传抗日救国，军部医院免费为群众治病。1944 年，新四军第二师为淮南东路群众重修了高邮湖西岸数百里的大坝，使沿岸的 7 万多群众和 30 万亩良田免受水患。

兵民是胜利之本，广大人民群众是新四军抗日救国、英勇奋战的力量源泉。他们衷心拥护新四军，积极为部队站岗放哨、传递情报、救护伤员、运送物资等。"最后的一碗米用来做军粮，最后的一尺布用来做军装，最后的老棉被盖在担架上，最后的亲骨肉送去上战场"和"吃菜要吃白菜心，当兵要当新四军"的民谣，都是当时真实的写照。

（三）英勇善战、奉献牺牲的钢铁意志。伟大建党精神第三条是"英勇奋斗，不怕牺牲"，就是始终保持英勇的斗争精神、坚韧的斗争意志、高超的斗争本领，不惜牺牲一切，勇于战胜各种艰难险阻和风险挑战。新四军广大指战员发扬革命英雄主义精神和敢打必胜的坚定信念，英勇顽强、不怕牺牲、浴血奋战，纵横驰骋于扬子江头、淮河之滨，以不屈不挠、勇往直前的顽强作风积极抗击敌人，涌现出许多可歌可泣的英雄壮举。"英勇善战、奉献牺牲"的钢铁意志，充分体现了建党精神中的英雄品格，是新四军战胜千难万险，不断发展壮大，直至取得最后胜利的强大精神力量。

新四军英勇顽强的革命精神，还表现在刑场上和监狱中。"皖南事变"被俘的 600 多名新四军干部，面对敌人的欺骗利诱、残酷刑讯和野蛮屠杀，绝大多数人英勇不屈，保持了崇高的革命气节，并成功发起了茅家岭暴动、赤石暴动。叶挺是新四军铁军精神的创导者、培育者和践行者。在被非法囚禁中，他不为威胁恐吓所屈，也不为高官利禄所诱，大义凛然，正气浩然，不愧为新四军钢铁意志的光辉楷模。

抗战时期至解放战争初期，新四军伤亡 8 万多人，团以上烈士 350 多人。军长叶挺、副军长项英、政治部主任袁国平、副参谋长周子昆、新四军军分会委员黄道、第四师师长彭雪枫、第三师参谋长彭雄、第八旅旅长田守尧、第十六旅旅长罗忠毅和政治委员廖海涛、中共苏皖区委书记邓仲铭、皖江行政公署主任吕惠生、苏浙军区第四纵队政治委员韦一平、新四军华中野战军第十纵队司令员谢祥军等高级干部先后牺牲。

（四）团结一致、严纪守法的优良作风。伟大建党精神培育了党的优良传统和作风，锻造了党强大的凝聚力和战斗力。实现党的奋斗目标，需要有统一的意志和严格的纪律，才能形成强大的力量。众志成城的精诚团结和步调一致的自觉纪律，是我们党不断取得胜利的重要保证，也是新四军克敌制胜的战斗力源泉。新四军是由南方八省 14 个游击区的红军游击队汇集而成的，内部的团结统一十分重要。新四军发扬我军官兵一致、军民一致的优良传统，官兵之间上下平等、同甘共苦、齐心协力，平时团结友爱，战时争难抢危，把生的希望留给别人，把死的危险留给自己，建立了亲如手足、生死相依的良好关系。

新四军坚决执行中国共产党制定的抗日民族统一战线方针政策，努力团结一切可以团结的力量，建立广泛的抗日民族统一战线，形成人心所向、众志成城的铜墙铁壁。大批爱国青年和知识分子冒死参加新四军，大批爱国人士支持新四军，许多爱国华侨漂洋过海投奔新四军，不少中间派转而倾向新四军。陈毅不顾个人安危三赴泰州，对国民党苏鲁皖游击军正副总指挥李明阳、李长江示以民族大义，晓之抗战主张，使其在反共顽固派韩德勤进攻新四军时采取了中立行动。新四军对战俘也以诚相待，以情感化。

新四军始终把中华民族的利益放在第一位，配合正面战场友军作战，表现出同仇敌忾、共赴国难、顾全大局、相忍为国的博大胸怀。1940 年，叶挺率部浴血奋战，收复了被日军占领的泾县，又交给国民党第五十二师接防。新四军第六支队第八团在掩护国民党第五十一军南渡浍河的战斗中，牺牲了副团长陈文甫等 30 多位指战员。"皖南事变"后，新四军仍以大局为重。在郑州战役、侏儒山战役和中原会战中，新四军第四师、第五师主动对敌展开攻势，牵制了向豫南国民党军进攻的日军。1943 年 2 月，国民党江苏省主席、鲁苏战区副总司令韩德勤的总部遭受日军打击时，新四军主动派出部队掩护其所部撤到新四军根据地，并提供粮草和经费援助。日军撤离后一个月，韩德勤率部侵占新四军淮北根据地时被俘，陈毅在他表示悔过后，仍然释放了他和被俘人员。新四军这种为国家忍辱、为民族负重的举动，赢得了广大人民群众的信任和社会各级人士的同情、理解和支持。

一切行动听指挥、令行禁止是军队纪律的集中体现和最高要求。新四军严格执行"三大纪律十项注意"，即：服从抗日救国十大纲领，服从命令听指挥，不侵犯群众一针一线；上门板捆稻草，房子扫干净，进出要宣传，说话要和气，买卖要公平，借物要送还，损失要赔偿，大便找厕所，洗澡避女人，不杀俘虏，不搜俘虏腰包。同时，新四军颁布拥政爱民公约，加强纪律教育，主动征求地方政府和群众的意见，严肃处理违法违纪人员。抗战胜利之初，中共中央在国共谈判中主动让步，决定长江以南的新四军部队北撤。指战员虽然舍不得用鲜血换来的根据地，但他们坚决执行命令，苏浙军区、皖江军区和浙东游击纵队数万名指战员迅速撤到长江以北地区。

（五）艰苦奋斗、务实创新的进取精神。"艰苦奋斗"是中国共产党精神谱系的基本色调，蕴含着永不懈怠的优良传统，是党的精神谱系赓续发展的内生动力。"务实创新"既是中华民族的固有禀赋，也是中国共产党精神谱系的鲜明品格。"艰苦奋斗、务实创新"的进取精神，也是新四军的政治本色和优良传统。新四军注重从实际出发，创造性地执行党中央、中央军委的指示，大力弘扬特别能吃苦、特别能战斗的革命精神，与时俱进，开拓创新，演出了"许多有声有色威武雄壮的活剧"。[1]

周恩来在视察新四军军部时指出："愈在困难的条件

---

① 中国人民解放军历史资料丛书编审委员会：《新四军·文献（3）》，解放军出版社1994年版，第567页。

底下，愈能显出我们的特长，愈能够锻炼我们。我们不求在安逸的地方发展。……我们主要地要向困难的地区发展，因为困难危险，国民党的许多部队和工作人员克服不了，忍耐不了。而我们新四军能吃苦耐劳，不怕困难。"①新四军生活条件艰苦，武器装备简陋，斗争环境险恶，敌强我弱的态势明显，斗争的艰苦性和尖锐性都是罕见的。日伪军把新四军看作心腹大患，经常派重兵进行"扫荡""清乡""蚕食"，并进行严密的经济封锁，国民党顽固派不断制造摩擦，对根据地军民进行骚扰。

新四军坚持自力更生、自强不息，不仅在战斗中缴获了敌人大量武器装备和物质器材，而且还发展军工生产，土法上马，修造武器弹药。他们办起了印刷厂、制药厂、纺织厂、造纸厂等，组织日用工业品生产，开展了大生产运动，自己动手，丰衣足食，减轻了人民负担，为夺取抗战胜利打下了坚实的物质基础。

中共六届六中全会确定了"巩固华北，发展华中"的战略方针，以刘少奇为书记的中共中央中原局，根据中央的战略意图，经过周密的调查研究，确定将苏北作为新四军的战略突击方向，提出集中一切力量，向这一地区发展。陈毅多次到江北考察，开展统战工作。1939年底，新四军江南指挥部派陶勇、叶飞率部先行渡江，建立滩头阵地。1940年6月，郭村保卫战后，粟裕率领江南指挥部主

---

① 中共中央文献编辑委员会：《周恩来选集》（上卷），人民出版社1980年版，第103页。

力渡江北上，黄克诚率领八路军第五纵队迅速南下，合力开辟苏北根据地，取得了黄桥战役的胜利，打开了华中抗日新局面。

华中主要是平原水网地区。新四军组建初期，擅长山地游击战，缺乏平原水网地区作战经验。各部队从实际出发，勇于实践探索。从蒋家河口首战到揭开战略反攻序幕的车桥战役，直至对日作战的收官之战高邮战役等，都是水网地区著名的战役战斗。同时，各部队注重总结经验，把握特点规律，创新战法技能，使水网地区作战成为新四军对敌作战中最具特色的重要形式之一。新四军还发动群众，改造地形，阻滞日军装甲辎重骑兵和大部队的通行。在河道上筑坝，包括明坝、暗坝、阻塞坝、断头坝、交通坝等，使敌之水上交通运输工具处处受阻。新四军则控制船只渡口，利用河网港汊，或机动转移，或设伏歼敌。这与八路军在华北冀中平原创造的地道战，有异曲同工之妙，成为华中敌后广大抗日军民的一个伟大创举。

三、结　语

伟大建党精神是中国共产党的精神之源，在不同的历史时期和背景中细化、凝聚成了各具特色的精神意蕴。新四军铁军精神是伟大建党精神的具体体现和生动实践，它的思想内核、政治品格、理论特征与伟大建党精神一脉相承又有所延伸。伟大建党精神深深地融入了我们党、国家、民族和人民的血脉当中，为我们立党、兴党、强党提供了丰厚的滋养和不懈的动力，铁军精神是伟大建党精神延伸出的光辉结晶之一。习近平总书记曾多次强调，实现全面建成小康社会奋斗目标、实现中华民族伟大复兴的中国梦，关键在于培养造就一支具有铁一般信仰、铁一般信念、铁一般纪律、铁一般担当的干部队伍。铁军精神是新四军留给我们的宝贵精神财富，弘扬铁军作风、传承铁军精神，正是锤炼和锻造"四铁"干部的有效途径。

铁军称号最早由广大人民群众授予，铁军精神凝聚了亿万人民的心愿，具有广泛牢固的群众基础。同时，铁军精神扎根于神州大地，始终受到中华民族优秀文化的滋养。最为重要的是，随着时代发展和人民军队的壮大，中国共产党不断以先进思想浇灌、抚育，使其始终保持先进性和独特的精神品格，具有超越时空的强大生命力。铁军精神不仅激励一代代中国军人为祖国、为人民抛洒热血、无私奉献，也鼓舞着全党全国人民顽强奋斗、开拓进取，对于开创新时代中国特色社会主义事业新局面具有重要的现实意义。

前 言

走近新四军老战士感受伟大的建党精神

张 玲

2021 年 2 月 18 日，习近平总书记在给上海市新四军历史研究会百岁老战士们的回信中说："希望老同志们继续发光发热，结合自身革命经历多讲讲中国共产党的故事、党的光荣传统和优良作风，引导广大党员特别是青少年一代不忘初心、牢记使命、坚定信仰、勇敢斗争。"体现了习近平总书记对新四军老战士的殷切关怀和对他们为国家所作贡献的深深敬重。习近平总书记勉励新四军老战士老骥伏枥，继续用自己的奋斗经历教育新时代青少年，传好民族伟大复兴的接力棒。

一、采访老战士，探寻他们抗日救国的心路历程

"新四军"是中国共产党领导的一支抗日力量，在广阔的华中抗日根据地与日伪顽军开展了顽强斗争，为抗战

胜利作出了重要贡献。

走近新四军老战士，源于我一个长久以来的心愿。我想了解像我伯父一样义无反顾投身到反侵略战争中的老战士，他们年轻时怎样思索、怎样战斗？

我曾从祖母和父亲口中零星得知：我的伯父张佩云，生于1921年，基于民族义愤参加新四军。徐州失守后，日本侵略者开始南进到家乡苏北，黄河故道一带。苏北抗日活动频繁，日寇进行疯狂报复，烧杀抢掠，民众生灵涂炭。1942年，血气方刚的张佩云参加人民军队……国民党蒋介石发动全面内战后，伯父牺牲于孟良崮战役中。他被国民党飞机扔下的炸弹投中，尸骨未存，他的战友目睹此景。

我通过查阅资料进一步知道，张佩云当年参加的是新四军第四师第九旅第二十七团新三营，新三营是地方武装，由当地爱国青年组成。1940年，家乡以古邳（两汉、三国时期的下邳）为中心，成立邳睢铜灵抗日民主政权，苏皖边区连为一体。张佩云曾在堂哥所办私塾里读过几年书，粗通文墨；参加新四军后，在党的培育下，伯父有了更高的人生追求，成为一名中共党员；因作战勇敢，且有一定文化，由普通战士逐步升到排长。

少年时起，我将包括伯父在内的烈士视为令人景仰、形象高大的共和国功臣，心中溢满崇敬之情。近年来，我多次参加上海市新四军暨华中抗日根据地历史研究会的活动，产生了详细了解新四军老战士的心路历程的想法和计划。本来打算从伯父开始，然而对他了解较多的祖母和家父十年前已过世；我的堂姐是伯父唯一骨肉，因中风已无法交流。

我因无法得知更多信息，最终没能形成关于伯父的完整文章。虽有遗憾，但在美丽的东海之滨、黄浦江畔，生活着千余名像张佩云一样从抗日硝烟中走出来的老战士。我有幸对他们及家人进行了采访，访谈工作历时两年多。

这些处于期颐之年的新四军老战士，一提起往事，充满激情，娓娓道来。长期在我心中抽象的高高在上的英雄形象，一下子还原成一个个具体的有血有肉的人。他们当年是一群生龙活虎的青年，是父母的儿子，弟弟妹妹的哥哥、姐姐，妻子的丈夫，孩子的父亲……

他们的经历与我的伯父一样：怀着对残暴侵略者的愤恨，参加抗日队伍；相信中国共产党真正代表中华民族和群众的利益，义无反顾地选择加入。时隔几十年，老战士把加入中国共产党的日期及具体场景记得清清楚楚，对中国共产党充满崇敬之情。他们的故事展现了新四军老战士铁的信仰、铁的意志、铁的忠诚、铁的纪律，很有感染力。

我们把新四军老战士对党的朴素情感和奋斗经历如实记录下来，弥补之前学界研究和传播之不足，让新时代青少年了解中国共产党从哪里来，走过哪些路，近距离感受中国共产党在抗战时期发挥的中流砥柱作用，了解党的抗战历史及老战士英勇抗日的故事，传承红色基因。

二、俯首甘为孺子牛，普通岗位建功立业

在战火纷飞、民族危难的年代，年轻的新四军战士为了民族独立和人民解放前仆后继；在和平年代，他们"不忘初心，牢记使命"，为国家的富强、人民的富裕坚守岗位，兢兢业业，默默奉献。他们是普通而非凡的老战士。

我们依据上海市新四军暨华中抗日根据地历史研究会十个分会提供的名单，拟定了采访对象的条件：健在的新四军老战士，思路清晰、具备语言表达能力、体力好，能接受采访；过世的新四军老战士，材料丰富，有回忆录等文字资料，家人愿意接受采访并提供相关照片及图片。我们最后联系符合条件的 50 名老战士或家人进行多次访谈；因种种原因，入选本书的只有 26 位老战士的事迹。

我们采访的老战士中，江苏籍最多，共计 15 人；多来自长江以北地区，占半数以上。这与新四军贯彻中共六届六中全会"巩固华北，发展华中"的方针有关。1939 年上半年，新四军向东、向北挺进，向敌后发展。"皖南事变"后，新四军在江苏盐城重建军部，相继建立七个师和一个独立旅，力量不断发展壮大，成为抗日武装中的一支劲旅。华中抗日根据地开辟了广大的战略区域，东临大海，西屏武当，南抵浙赣，北至陇海，包括了江苏省的绝大部分，安徽、湖北之大部，以及河南、浙江之一部分，面积近 60 万平方公里，拥有人口数千余万，建立苏中、

苏北、苏南、淮南、淮北、鄂豫皖区、皖中及浙东八大战略区。其中三个师（第一师、第三师和第四师）的主要活动区域在苏北。

本书以年龄为序逐一展示新四军老战士的事迹。受访人数无法在每个分会平均分配，但他们参加新四军、加入中国共产党的心路历程具有一定的代表性。

受访新四军老战士信息表

序号	姓名	所属分会	出生年份	籍贯	文化程度（参加革命前）	参加革命时间	入党时间
1	彭　康	军直	1901	江西萍乡	大学	1928	1928
2	廖乾祥	七师	1908	福建上杭	文盲	1929	1929
3	施　平	市会	1911	云南大姚	大学	1935	1938
4	程亚西	三师	1915	江苏沭阳	私塾	1938	1940
5	王　维	三师	1919	浙江临海	小学	1937	1941
6	吴锦廷	后勤	1920	江苏苏州	小学	1944	1945
7	莫　林	一师	1920	江苏如东	中学	1940	1940
8	黎　鲁	二师	1921	广东番禺	大学	1938	1938
9	熊士成	三师	1921	江苏淮阴	小学	1940	1942
10	邓旭初	市会	1921	广东开平	中学	1938	1938
11	肖　木	后勤	1921	浙江三门	中学	1941	1939
12	钟少白	浙东	1921	浙江诸暨	小学	1938	1938

序号	姓名	所属分会	出生年份	籍贯	文化程度（参加革命前）	参加革命时间	入党时间
13	顾海楼	三师	1922	江苏阜宁	中学	1941	1942
14	胡友庭	四师	1922	江苏邳县	中学	1939	1939
15	刘　丸	三师	1922	江苏新沂	私塾	1939	1940
16	石　丽	四师	1922	安徽五河	小学	1939	1940
17	虞鸣非	浙东	1922	浙江慈溪	小学	1944	1944
18	王静生	二师	1922	安徽定远	小学	1944	1945
19	石　刚	三师	1924	江苏泗洪	私塾	1940	1940
20	黄迈飞	一师	1924	江苏靖江	私塾	1942	1949
21	周之德	军直	1924	江苏邳县	中学	1942	1944
22	朱文生	一师	1927	江苏南通	私塾	1945	1947
23	张格海	后勤	1927	江苏睢宁	小学	1942	1945
24	刘汉山	一师	1929	江苏靖江	小学	1946	1946
25	管惟滨	文教	1930	江苏如东	中学	1946	1945
26	刘天同	文教	1931	江苏淮安	中学	1946	1948

　　新四军老战士绝大多数是爱国青年学生和知识分子。26 位老战士中，读过大学的有 3 人，读过中学的有 8 人，上过小学和私塾的有 14 人，文盲只有 1 人。其中，3 人在全民族抗战爆发前参加革命，大多数战士是在共产党来到家乡后加入新四军的。

他们之中有人出身富裕之家，但更多出身于贫寒农家。他们有的进入新四军创办的学校读书，享受免费或半费教育，或因是家中长子，或由于体弱无法做农活，家中节衣缩食让他们读书以期将来支撑门庭。

这些老战士都是爱国的热血青年，在民族危亡关头，奋不顾身地投身抗日洪流中，为中华同胞而战，为国家生存而战，为民族复兴而战。

被采访的新四军老战士告别烽火岁月后，大多从事普通的工作，为人民服务几十年后离休。他们都保持老党员本色，铸就不平凡的工作业绩。

26位老战士，副部级及以上职位的有3位，绝大多数是处级干部，有些是科级干部或普通办事员。他们在平凡的岗位上，几十年默默无闻从事本职工作。每个老战士都曾自愿放弃加薪、提职机会，主动让给其他同事。他们离休后，无一例外地主动到所在居委会报到，积极参与社区培育青少年活动，定期参加讲座，讲述红色故事和党的历史。这些老战士拥有坦荡宽阔的胸襟，在平凡岗位成就了不平凡的业绩，体现了共产党人的风貌和风骨。

三、斯人老去，伟大的建党精神熠熠生辉

历史远去，但"新四军"永远烙印在中国人心中，他们铸就的精神永远镌刻在辉煌的中国共产党历史的卷轴上。长期以来，人们把中国共产党领导的新四军冠以"铁

军"之名，铸就的精神品质称为"铁军精神"。"铁军"一词最早见于第一次国共合作的北伐时期，国民革命军第四军第十二师叶挺为团长的独立团屡建奇功，荣获群众赠送的"铁军"盾而广泛传颂。1939年3月，陈毅拟成新四军军歌初稿《十月》，描绘了铁军的发展谱系，讴歌新四军继承北伐第四军、红军第四军和坚持南方游击战争的红色游击队前后十余年的光荣传统，最后铿锵有力的"东进，东进，我们是铁的新四军！"形象概括了中国共产党领导下新四军的鲜明特征和精神风貌。

铁军精神是抗战精神的有机组成部分。抗战时期，中国共产党领导的八路军与新四军在中国南北互相配合呼应，英勇抗战，奋勇杀敌。2020年9月3日，习近平总书记在纪念中国人民抗日战争暨世界反法西斯战争胜利75周年座谈会上的讲话中，把伟大的抗战精神高度概括为"天下兴亡、匹夫有责的爱国情怀，视死如归、宁死不屈的民族气节，不畏强暴、血战到底的英雄气概，百折不挠、坚忍不拔的必胜信念"。这也是对新四军铁军精神的精辟诠释。

无论是抗战精神还是铁军精神，都是伟大的建党精神的延续，建党精神孕育了铁军精神。习近平总书记在庆祝中国共产党成立100周年大会上的讲话中，把建党精神高度概括为"坚持真理、坚守理想，践行初心、担当使命，不怕牺牲、英勇斗争，对党忠诚、不负人民"；在党的十九届六中全会上，他再次强调建党精神。这是党的精神之源和精神谱系开篇之首，体现了党的精神特质。

新四军老战士在中国人民抗日战争的历史时期践行了建党精神。

坚持真理、坚守共产主义信仰，对中国共产党领导抗战抱着必胜的信心。全民族抗战爆发后，他们毅然参加中国共产党领导的新四军，坚定理想信念，把实现民族独立、为大多数人谋福利作为人生的最高目标，在伟大斗争中贡献自己的力量。

彭康老战士是典型之一。他早年留学日本，加入进步文学团体觉悟社，开始接受马克思主义，翻译马克思著作，广泛传播马列主义。大革命失败后，彭康回国加入中国共产党，参与领导左翼文化运动。1930 年，因帮助工人收藏武器，他被国民党投入有"巴士底狱"之称的提篮桥监狱，被判刑 7 年。他在狱中设法获得进步书籍，并帮助狱友学习马克思主义哲学，树立正确的人生观、价值观。刑期满后，国民党以"为党国效劳"为出狱条件，彭康拒不"悔过"，是唯一刑满未被释放的人。他因不违背自己的政治信仰，再次被关入苏州反省院。

一些出身农村的老战士，看到中国共产党、新四军来到家乡后，成立民主政府积极抗日，还帮助群众发展生产，实行减租减息让农民得实惠，提供教育机会，实行"三三制"，扩大人民权力，推行男女平等。他们感受到民主政府和新四军切实维护人民的利益，与国民党全然不同，便毫不犹豫地参加新四军和共产党。抗战时期入党的张格海老人，耄耋之年对入党时学唱《你是灯塔》的情景记忆犹新，满怀深情完整吟唱。他把党视为"灯塔""舵手"，坚信永远跟着党走，"人类一定解放"！他一生追随中国共产党进行革命，建设新中国，把共产主义理想信念贯彻到实际工作中。

践行初心、担当使命，做时代的先行者。在抗战烽火中，他们中的多数人是十几岁的青少年。26 位老战士中，1915 年以后出生的有 23 人，其中 1919—1922 年出生的人数最多，共 14 人，当时正处于接受教育的好时光。但为了抗击侵略者，他们投笔从戎，谱写了可歌可泣的爱国乐章，用稚嫩的肩膀担负起民族解放的重任。

曾任华东师范大学党委书记的胡友庭老战士，在他 16 岁刚读高一时，被南下宣传抗日救国的青年学生发展为中共预备党员，开始了传奇的抗日生涯，成为八路军运河支队里最年轻、抗日办法最多的干部。工作中他独当一面，20 岁时就领导战士们开辟了新根据地，成为威震四方的县委书记。他从 1953 年起担任高校党委书记，关心和保护知识分子，不遗余力地爱护学生，晚上与大学生一起自习，共同学习，起到督促和示范作用，为国家培养了大批德才兼备的人才。

顾海楼老战士，20 岁入党，任地下交通站站长，积极参加反"扫荡"斗争和锄奸行动，打击日本侵略者。他 1957 年任上海市汽车修理公司经理兼货车修理厂厂长，在国家大力支持下，带领全厂技术人员和工人，在一穷二白的基础上自力更生，历尽千辛万苦，相继造出中国人自己设计的第一辆乘风牌030型三轮汽车和交通牌4吨载重汽车，从此改写了上海自开埠以来只能修理汽车的历史。他成为新中国工业化建设的先行者之一。

邓旭初老战士，为了信仰，步行近800公里，赴延安寻找共产党，历尽艰险；改革开放后管理上海交通大学，接受外资捐助建设图书馆，大刀阔斧进行教育体制和人事制度改革，开辟闵行新校区，等等。他敢于第一个吃螃蟹，成为中国高校改革开放的领头羊。

新四军老战士把民族、国家和人民的利益看得高于一切，是时代的楷模。

不怕牺牲、英勇斗争，置生死于度外。他们加入中国共产党后，切实履行入党誓词，为了党、军队和人民群众利益，把个人利益乃至生死置之度外。老红军出身的廖乾祥老战士，在艰苦卓绝的三年南方游击战争期间，经历了灭门惨案。国民党官兵抓捕其妻儿、岳父母全家及全村聂姓人，无论如何审讯，都无法如愿得到游击队信息。敌人竟残忍杀害廖乾祥之妻、岳父母全家及聂姓等40余人，聂姓绝户；联系人上山报信，但敌强我弱，游击队若前去解救，必致全军覆没。廖乾祥忍痛牺牲了家人，保全了队伍！

莫林、彭康、邓旭初等老战士，都坐过日伪和国民党的牢房。邓旭初在"皖南事变"中被捕，在狱中参与成立党支部，鼓舞被俘的新四军官兵的斗志，开展针锋相对的反迫害斗争，说服看管他们的国民党士兵，帮助官兵成功越狱。

有"如皋才女"之称的莫林，在一次反"扫荡"中不幸被捕。日伪劝降不成，把她关押起来，施以酷刑，仍无效果；又把她带到野外事先挖好的深坑边，威胁她，若不说出苏中新四军的行踪和组织秘密，就就地活埋。莫林毫不畏惧，大声斥骂，作好了牺牲准备，从容吟咏烈士夏明翰的《就义诗》："活埋不要紧，主义固长存，埋了姚世瑞（莫林原名），相继有来人。"日伪军见她什么都不肯说，只好再次将她押入大牢。

新四军老战士坚守民族大义、视死如归，诠释了共产党人的民族气节，用坚强的党性塑造了精神风骨。

对党忠诚、不负人民，展示铁的纪律，政令统一，所向披靡。中国共产党领导的新四军军纪严明，成为一支训练有素、战无不胜的铁军，这主要缘于党的人民性。新四军官兵把民族情感、对党忠诚与热爱人民融为一体，服从命令听指挥，政令统一，与人民群众水乳交融，所向披靡。

朱文生老战士，在抗日战争和解放战争时期参加战役、战斗百余场，获得一等、二等战功20余次。他在渡江战役前的急行军中，手腕旧伤处残留的寸骨突然刺破皮肤，为了不耽误赶路，他强忍剧痛，自己用右手将断骨直接拔出，简单包扎后，继续前行。他与战友们夏季入闽作战，连续吃了20多天水煮空心菜，无一人叫苦喊累，显示了铁军硬汉风范。

刘汉山老战士青少年时期参加新四军，加入共产党，身经百战。他经历了被称为"瓷器店里捉老鼠"的上海战役，他所在的二十三军六十七师一九九团负责城里战斗。中共中央作出了战略决策，既要让上海完好无损，对群众秋毫无犯，保证人民正常生活，又要消灭国民党军队。一开始，我军伤亡较大，许多战士不能理解。上级首长再次做思想工作：中国共产党和人民军队是为了人民解放，为了保护人民的生命财产而战，一旦用大炮等重武器，基础设施成为废墟，无数群众因此伤亡。于是，我军改变战术，采用夜间作战和心理战，打赢了这场异常复杂而艰难的特殊战役，展示了人民军队是忠诚于党、不负人民的威武之师、仁义之师、文明之师。

中国人民抗日战争胜利是中国共产党发挥中流砥柱作用的伟大胜利。这群在抗日战争烽火和硝烟走出来的老战士，在伟大的抗日战争中把伟大的建党精神进一步发扬光大，彰显了以爱国主义为核心的民族精神，形成了宝贵的战斗经验、光荣传统和优良作风。这是中国人民宝贵的精神财富，在战争年代起到了凝聚人心、鼓舞士气、激励斗志作用。在新时代，他们必将继续发挥鼓励人心、增强信心、催人奋进的作用。

习近平总书记在党史学习教育动员大会讲话中强调，"重温这部伟大历史能够受到党的初心使命、性质宗旨、理想信念的生动教育，必须铭记光辉历史、传承红色基因"。为了让中国革命的红色基因和新四军的铁军精神能代代相传，我们采访了健在的新四军老战士及老战士的家人，把老战士们年轻时为何选择共产党、新四军，共产党、新四军为何能够胜利的故事告诉青少年，让祖国的下一代从小接受革命传统教育，长大后为实现中华民族伟大复兴的中国梦而努力奋斗。

目 录

给青少年讲新四军老战士的故事

彭　康
高举马克思主义旗帜
于抗日烽火中办教学

彭康（1901—1968），男，江西萍乡人，早年赴日本留学；1928年加入中国共产党，参与领导上海左翼文化运动；1930年至1937年被国民党关押在狱中，1937年11月在新四军第四支队驻地——黄安七里坪培训抗日干部；1941年起先后担任中共中央华中局宣传部副部长、部长，华中党校副校长，

彭康（摄于1942年）

主持鲁迅艺术学院华中分院工作，任华中建设大学校长。1952年，彭康被任命为交通大学校长，1956年率领交通大学内迁西安。

他出生于书香世家，少年时赴日留学。他在白色恐怖中加入中国共产党，被国民党关押逾 7 年。他在民族危亡之际投身抗战，在华中抗日根据地的战火中办教育，为新四军和根据地培养了大批党政军人才。1952 年他执掌交通大学，主持学校西迁，为开发大西北贡献卓著。他就是坚守本心、鞠躬尽瘁的新四军老战士，我国著名的马克思主义教育家——彭康。

身陷囹圄初心不改，七里坪培训工作初见成效

彭康出生于书香之家。祖父是晚清时期的举人，父亲在江西萍乡中学教书，家境贫寒。萍乡历史悠久，交通便利，素有"湘赣通衢""吴楚咽喉"之称。近代以来，萍乡既是中国最早的重工业基地，又有光荣的革命传统，同盟会于 1906 年在此发动萍浏醴起义。彭康读中学期间，第一次世界大战爆发、俄国十月革命胜利等消息，源源不断传到这里，这些重大事件让彭康关切时局，产生探索中国未来命运的愿望。

1913 年，彭康用彭坚之名考入萍乡中学读书，成绩优秀，英文最好。但南北军阀混战时，学校被张宗昌占领，彭康被迫中止学业。1918 年秋，他随亲戚前往日本求学，在京都大学主修哲学。在日本期间，他受到日本社会科学运动、国内"五卅运动"的影响，开始学习、研究、翻译马克思主义理论。他逐渐认定，只有马克思主义

可以改造世界。1927 年，国民党发动四一二反革命政变，疯狂屠杀共产党人，中国革命遭受严重挫折，彭康等心系祖国的有志之士于同年 11 月回国，投身无产阶级革命文学运动。

时任中共中央重要领导职务的周恩来和李立三，找到彭康和其他归国的左翼知识分子谈话。1928 年 1 月，经共产党员刘大年和彭讷介绍，彭康在腥风血雨的上海秘密加入中国共产党。他对马克思主义坚定信仰，对中国共产党充满信心，积极翻译和撰写马克思主义哲学著作，成为著述丰富的马克思主义哲学家。

1930 年 4 月 8 日，彭康冒险接受工人烈士之义子转交的枪支，被国民党特务发现，被判处 7 年有期徒刑。面对厄运，彭康冷静而坚定，始终保持共产党人的气节。服刑期满后，国民党并未直接释放他，而是将"为党国效劳"

彭康在 20 世纪 30 年代翻译和著述的书籍

作为出狱条件。面对国民党威逼利诱，彭康拒不"悔过"，绝不屈服，随即又被关入了苏州"反省院"。

1937年7月7日卢沟桥事变爆发后，国共两党合作共赴国难，被国民党"反省院"羁押而从未停止斗争的彭康，及时抓住机会，组织"反省院"内的共产党员和进步人士，争取无条件释放。激烈的谈判持续了13个日夜，院方被迫做出让步，彭康走出了"反省院"，奔赴抗日前线。7年多的时间足以证明，彭康是个信仰坚定的共产主义者。

彭康获得自由后，在从事党的文化工作的朋友帮助下，奔赴武汉联络党组织，他见到中共中央长江局领导董必武和湖北省委书记。恢复党组织关系后，由中共长江局和湖北省委委派，彭康前往距武汉约80公里的黄安七里坪，任干部训练班的教务主任，培养和训练党政军方面的抗日骨干。这是彭康在抗战时期肩负的第一个重任，也是他从事教育工作的起点。

黄安七里坪是个小镇，却曾是土地革命战争时期鄂豫皖苏区政府所在地，当时被称为"列宁市"。国共合作抗战后，高敬亭领导的新四军第四支队驻守于此，湖北省委主办的干部训练班在这里开办，使得黄安七里坪成为抗日的一片热土。

干部培训班设于小镇一处祠堂，学员都是由党组织选送的进步青年，以因战争流离失所的各校大学生为主。培训班承担着培育干部和发展党员等重要任务，配备了较强的师资力量。彭康的同事中，有红军将领余立金，也有地方军政领导如黄麻起义领导人、鄂豫皖抗日根据地重要领导人郑位三，以及新四军第四支队司令员高敬亭等。

彭康以党的抗战路线和统一战线理论为指导，为培训班制定人才培养目标，以适应抗日战争的需要。"如果要争取抗战的胜利，就非在军事、政治、经济、文化及民众运动的各方面，都施以非常的措置及彻底的改造不可，非把政府与人民结合起来、军队与人民结合起来、全国万众一心、结成一条钢铁般的阵线不可。"[1] 彭康把培训重点放在提升学员政治素质、培养其群众工作交际能力、把握抗战的战略战术，以及党的建设上。培训内容包括马克思主义理论和中国革命基本问题、国内外形势和党的建设、统一战线、军事力量和游击战术、群众工作、抗战中的宣传文化建设等。

培训班采取形式多样、生动活泼的教学方法，比如小组讨论、辩论，进一步深化学员对理论的理解，训练学员的思维能力和口才。学员尽情地咏唱国统区禁止的歌曲，比如《国际歌》，学会了新四军第四支队"队歌"："噼啪啪，噼啪啪，握住枪，向前杀，打倒日本鬼，杀尽卖国贼，我们的红旗遍天下！"学习条件虽艰苦，但培训班充满活力和欢乐，是个其乐融融的集体。

彭康除了负责整体教学安排外，还主讲马克思主义理论和中国革命基本问题，同时，还担任学员一队党支部书

---

① 贾箭鸣：《彭康：一个人与一所大学的传奇》，西安交通大学出版社2018年版，第40页。

记。培训班共举办两期，为抗战前线输送了近600名骨干人才。他们在这里学习理论、提升政治素质，也接受党组织的考察和培养，加入中国共产党的学员比例高达百分之六十。彭康的培训工作卓有成效。1938年4月，他受长江局委派，前往安徽组建新的安徽省工委并担任书记。

辗转中艰辛办学，关爱学员成长

1941年5月20日，中共中央华中局成立，刘少奇任华中局书记，饶漱石任副书记兼宣传部部长，曾山任组织部部长，彭康任宣传部副部长，钱俊瑞任文化事业委员会书记。刘少奇历来重视党的建设，在华中局成立后不久创办党校，他亲任校长，任命彭康为副校长、党委书记。本来，党校的联系机构是华中局组织部，因彭康理论水平高、在七里坪培训干部成绩显著，刘少奇让彭康在主持宣传工作的同时担任党校副校长。1941年7月初，党校在盐城登瀛桥河岸一座大仓库内举办开学典礼。第一期学员共300多名，编为三个大队：第一队来自各部队团以上干部，第二队是各县区领导干部，第三队由刚参加革命的青年知识分子组成；各队建有党支部。党校连续举办四期培训班，共计1 000多人，为抗日战争胜利提供干部保障。

1941年党校成立之时，日伪军开始对华中抗日根据地发动"大扫荡"。党校于1941年11月随华中局机关和新四军军部转移到阜宁县汪朱集。此时，第一期结业、第二期刚开办，刘少奇对干部培训和教育抓得很紧，干脆住进学校，在一个月内，为干部学员讲授近二十个党建课题。彭康是刘少奇系统研究和讲授党建理论的重要助手。党校的马克思主义哲学课，刘少奇点名让彭康主讲。华中局领导评价彭康是"我党少有的哲学家"。

中国共产党历来重视自身建设，思想建党成为第一要务。1942年，全国党员已发展至90多万，军队发展到47万，根据地人口8 000多万，中国共产党以延安为中心适时开展整风运动，统一全党思想，以争取抗战的最后胜利。1941年5月，毛泽东在延安高级干部会议上作《改造我们的学习》的报告。整风运动首先在高级干部中进行，1942年在全党展开。

1942年春开始，华中抗日根据地及华中局党校陆续整风。各根据地和各师、旅除了抽调一批县、团以上干部到华中局党校参加整风学习外，基本上在原地坚持斗争、开展整风学习。华中局党校肩负着把各地干部集中起来进行整风的重要任务。1942年3月，刘少奇奉中央之命调回延安。彭康由宣传部副部长转任部长，华中局党校的整风工作由彭康主持。他同时还担任华中整风学习检查总委员会整风文件研究总指导员，华中局有关整风的决定、指示、报告多由他主持起草，许多重要讲话由他来做。

1943年，华中局党校因战火再次迁移，来到盱眙县新铺，在一座破庙的几间草房里继续战斗、整风、办学。彭

彭康（图片中站立者）于 1943 年在华中局作整风报告

康用近半年时间组织干部学习和研讨 22 个整风文件、揭露工作中存在的问题和反省自己的思想和表现，进行批评与自我批评，提高思想认识。

彭康主张用充分发扬民主、发挥干部主动性来解决思想问题。他说，我们的教育方针要根据学员的思想意识来给予帮助，要发扬学员的自觉性和积极性，要尽量发扬民主。在教育原则上，鼓励学员自己用脑进行研究，自己解决自己的问题，能勇敢地提出问题、想问题、反映问题。

在整风中，彭康坚持党的方针，充分相信党的干部。他认为党内有不同意见是正常的，要广开言路，对事不对人，坚决反对扣帽子、打棍子。

党校在提高干部思想基础上进行审干，纯洁党的队伍。审干是责任重大又非常敏感的工作，容不得半分偏差。彭康仔细审阅每一个人的小传，谨慎处理每一个人在整风审干中存在的争议。在此过程中，他创造性提出了审干新标准——"诚实交代、没有投敌、没有出卖同志"，让更多的同志重新回到革命队伍中来。他与校党委确立了审干的程序：启发学员实事求是把问题讲清楚，并写成个人小传；小组讨论，党支部严格把关；杜绝逼供信。他说，审查干部历史并不是用来"分清敌我"，更不是改造过去经历中有"瑕疵"的干部，而是全面了解认识这些干部，给出实事求是的结论，不人为制造冤假错案。

华中局党校整风在彭康的具体指导下，在学习和审干两方面取得了宝贵经验。一是参加整风的干部提高了思想认识和理论水平。党校整风在繁忙的战斗间隙中进行，学习任务重，但干部们珍惜学习机会，静下心来认真学习和讨论文件，初步实现了坚定理想信念、武装思想的目标，还增进了党内团结。整风前，工农出身的同志和知识分子

彭康在华中根据地
（摄于 1944 年）

出身的同志互不了解，彼此存在着许多片面甚至错误的认知。通过整风运动，同志间的沟通更加顺畅了。

二是审干工作对干部充分信任。数月的审干，严格、细致，又严谨、审慎。彭康对参加整风的所有学员，查清其历史和现实表现，一一做了结论，也清除了异己分子，但自始至终是和风细雨、与人为善，没有无辜伤害任何一位同志。亲身经历这次整风运动的老党员陈修良，晚年曾这样评价彭康：彭康同志大公无私，为人正直，在整风这个重要的原则问题上很好地保护了干部的积极性。

经过党校整风，干部升华了思想，轻装上阵。党校整风也为彭康以后管理和团结同志，做好育人工作，奠定了基础。

创办华中建设大学，投身高等教育事业

中国共产党在抗日战争中不断发展壮大，迫切需要有文化的干部，华中建设大学就是在此背景下诞生的。1944年底，抗战胜利前夕，华中局决定在盱眙县新铺中共中央华中局党校的校址上创建华中建设大学，责成彭康担任校长，这是他第一次出任大学校长。彭康虽有办干部培训班和党校的经验，但大学毕竟不同于党校。好在彭康在日本留学多年，接受过正规的大学教育。他根据学生实际情况和时局变化，确定学校的办学宗旨：为人民服务，学以致用。

前来求学的学生大多来自华中各根据地，也有上海、南京等大城市选送的地下党员，还有曾在复旦大学、圣约翰大学，甚至国外求学的青年学者。他们满怀热忱投奔解放区大学，看到校园是破庙草屋，周围是阡陌农田，同学们有时散坐在村边小树林里上课，心理难免有些落差。

彭康主讲"中国革命和中国共产党""关于反帝反封建斗争任务""关于新民主主义的道路"等课程。学员不仅学到文化知识，还系统接受了马克思主义理论教育，许多学员加入了中国共产党。在彭康校长领导下，华中建设大学成为华中抗日根据地最高学府和党培养干部的摇篮，

华中建设大学校门①

---

① 贾箭鸣：《彭康：一个人与一所大学的传奇》，西安交通大学出版社2018年版，第66页。

彭康的任命书（上海交通大学文博馆提供）　彭康在上海康平路家中庭院（摄于1952年）

包括邹家华在内数千名党政军领导干部都出自这所学校。美国记者爱德华·罗尔波曾专门采访他，并称赞华中建设大学是"世界上最新式的大学"①。彭康的办学经历，为他在新中国成立后建设多所大学、成为马克思主义教育家打下坚实基础。

1952年，彭康就任交通大学校长和党委书记。他秉承战争年代多年办教育的经验，致力于办好社会主义大学。他多次强调交通大学的办学目标："我们培养的人才应该是有社会主义觉悟和共产主义理想、愿为社会主义服务"，还要把信仰教育与知识教育结合起来，让学生懂得为社会主义服务。他说，"红"和"专"应该是统一的："如果红的不专，专的不红，那我们的教育就失败了"；"我们要多培养几个钱

---

① 王宗光：《上海交通大学史》（第五卷），上海交通大学出版社2016年版，第211页。

选址

建设

西迁

交通大学西迁（上海交通大学文博馆提供）

学森，甚至比他更好的！这就是最大的政治，也是对国家的最大贡献。""办好学校牢牢抓两条，一条是党的领导，一条是教师队伍，有了这两条，学校工作就能很好完成。"[1]

　　1955年，为快速实现国家工业化，国家开发大西北。彭康坚决拥护高等教育部将交通大学迁至西安的指示，高效率贯彻、落实，带头搬迁，引领示范。不足一年时间，一所10万平方米的大学拔地而起，并顺利运转，创造了办学奇迹。

[1]　刘露茜：《简析彭康的教育思想》，载《彭康教育文集》，上海交通大学出版社2018年版，第325页。

彭康老校长的人生休止符落于67岁。他一生所经历的磨难、在教育上做出的贡献，比绝大多数人要多得多。他在战争年代所涵养的忠诚与奉献、勇敢与乐观，以及为真理不懈奋斗的精神，成为他一以贯之的行动准则。他从加入中国共产党的那天起，便决定了一生的轨迹。他为党为国培养英才，满怀赤诚；对同志对师生充满信任，大爱无疆。

彭康老前辈已经远去，但是他的人格魅力及坚守理想信念的操守却永不磨灭，至今熠熠生辉。彭康，这位可敬的新四军老战士、交通大学老校长，他的忠诚、爱国、奉献精神及大局观，将会在一代代新交大人中不断传承。

孙佳骏
张若珩　　上海交通大学2020级本科生

资料来源：

1. 2021年12月至2022年1月，张玲等多次通过电话视频，采访彭康同志儿子彭城先生的记录。

2. 贾箭鸣：《彭康：一个人与一所大学的传奇》，西安交通大学出版社2018年版。

3. 王宗光：《上海交通大学史》（第五卷），上海交通大学出版社

2016 年版。

4. 盛懿等：《三个世纪的跨越——从南洋公学到上海交通大学》，上海交通大学出版社 2006 年版。

5. 中共中央党史研究室：《中国共产党历史》第一卷（1921—1949）（下册），中共党史出版社 2011 年版。

廖乾祥
舍家忘生死　矢志为国酬

廖乾祥与夫人和三儿子（摄于 1948 年）

廖乾祥（1908—1999），男，福建上杭人，1929 年 5 月加入中国共产主义青年团，1932 年加入中国共产党和中国工农红军，在第五次反"围剿"战斗中负伤，留在苏区参加三年游击战争。游击队改编为新四军后，他先后在新四军第三支队、挺进团、第七师、十九旅从事军需供应工作，在解放战争时期任中国人民解放军第三野战军七纵教导团和廿五军教导团供给处主任，参加过淮海战役和渡江战役等十几场战役。1954 年，廖乾祥转业至上海市建筑工程局，1979 年在上海市总工会离休。

双髻山南麓，山清水秀，竹林似海，这里既走出了廖海涛等一大批英烈豪杰，也有一位深藏功与名的老战士——廖乾祥。在战火纷飞的年代，他舍生忘死，默默奉献；在如火如荼的建设时期，他矢志不渝，恪尽职守。然而，这位曾经为革命事业出生入死的老英雄，从不谈功劳，连子女也知之甚少。廖乾祥儿子廖方民先生说，父亲的革命经历可谓九死一生，但一贯低调，留下来的资料很少。正是许多像他这样伟大又平凡的革命者，给旧中国带来了新生。

跟党走，闹革命

历史上，中国东南地区的客家人一般生活在山区，生存环境比较恶劣。廖乾祥的出生地——上杭县太阳区坑口乡大岭下村，便是如此。该地山多田少，农民生活贫困。生于贫寒之家的廖乾祥幼年丧亲，由叔父抚养长大，依靠种田和制作连纸（纸制品）维持生活，备尝艰辛。

1927 年 8 月 1 日，中国共产党领导的南昌起义打响了武装反抗国民党反动统治的第一枪。9 月，起义部队南下广东，途经福建上杭开展革命活动，广泛撒播革命火种。1929 年秋，毛泽东、朱德率领红四军入闽，开辟闽西革命根据地。"红旗越过汀江，直上龙岩上杭"，红军过龙岩、占领上杭，闽西大地，春雷滚滚，革命形势蓬勃发展。

霹雳一声震乾坤哪，
打倒土豪和劣绅哪，
往日穷人矮三寸哪，
如今是顶天立地的人哪。
天下的农友要翻身啊，
自己当家做主人哪，
一切权利归农会啊，
共产党是我们引路的人啊！

这首广泛流传的民歌，生动反映了当年上杭的红色革命是何等波澜壮阔！正是在这一时期，已经秘密加入共产党的廖乾祥小叔叔——廖海涛，利用假期回家，向贫苦农民宣传闹革命、求解放的道理。廖海涛非常了解年龄相仿、从小一起长大的廖乾祥，常与他谈心，启发他的思想觉悟："别看我们现在一无所有，受人压迫，只要我们穷人团结起来，参加农会，就不会受有钱人欺负，将来是有希望的。"廖乾祥早已对这个不平等的旧社会愤恨至极，廖海涛叔叔的话如春风般吹进了他的心田，也点燃了他心中的革命火焰。在廖海涛的启发引导下，廖乾祥走上了革命道路。

1929 年，廖乾祥经廖海涛和江才端两人介绍，秘密加入农民协会，参加大岭下农民暴动，投入到打土豪、分田地的革命洪流之中。乡苏维埃政权成立后，他为了保卫胜利果实，又积极参与送信、贴标语等工作。昔日的贫苦农民终于拥有了一份自己的土地，不再受压迫和剥削，感受到自由平等的廖乾祥看到了希望，也更加坚定了跟党走的决心。

1929年，廖乾祥加入中国共产主义青年团；1932年2月，由廖海涛、江才端介绍，他正式成为中共党员。这一年，国民党反动派调动30多个师的兵力，对中央苏区发动第四次"围剿"。为了扩大红军队伍，粉碎敌人"围剿"，苏区广泛动员青年参军。共产党员廖乾祥积极响应党的号召，带领本村青年廖珍山、廖松山两人到上杭县白沙主动参军，成为红军新十二军第三十四师一〇〇团的一名战士，并任连党支部小组长。

1933年，廖乾祥随部队到达江西，参加了第四次反"围剿"——江西东黄坡战斗。经过战场的洗礼，他逐渐从一个贫苦农民成长为一名坚定的红军战士。同年9月，蒋介石又发动了对中央苏区的第五次"围剿"。廖乾祥在江西草鞋岗战斗中英勇作战，不幸左臂负伤，经医生诊断为残废，丧失作战能力，不适合留在主力部队继续打仗。廖乾祥忍痛告别部队，回到家乡上杭县闽西游击队（后为闽西南七支队）工作。经过两次反"围剿"战斗的考验，廖乾祥成为游击队的骨干，把坚定的革命信念、丰富的战斗经验传授给游击队战士。

留守苏区打游击，历经"莲塘惨案"

1934 年 10 月，中央苏区第五次反"围剿"斗争失败，中央红军主力被迫退出中央苏区，进行战略大转移。国民党对坚守中央苏区的游击队发动了更疯狂的进攻。为了"围剿"消灭红军游击队，国民党军队采取烧屋搜山、分散伏击、远袭夜袭、分进合击的战术，整营整连拉上山，日夜守候，如发现可疑目标，立即围攻。形势愈加紧张，游击队不得不退入山区，坚持游击战争。

奉命回到家乡上杭的廖乾祥，担任首长谭震林的警卫员、通讯员、特务员和交通员。他冒着生命危险传递情报，联系群众，购买粮食物品。妻子聂春娣深明大义，任

莲塘里革命基点村蒙难群众纪念碑

劳任怨，独自操持家务，默默地支持丈夫，抚养不满七岁的儿子。廖乾祥的岳母虽然是家庭妇女，但同情革命，暗暗支持女婿的革命工作。

三年游击战争艰苦卓绝。国民党对上杭苏区实行军事"清剿"，残酷屠杀革命群众，造成了灾难。他们强化保甲制度，多次洗劫双髻山、岩下山、杭永边的大岭下、莲塘、铁场、横断、黄沙埔、严坑等数十个游击队基点村。凡50户以下的山村被迫移民，并入到大乡镇。大岭下村被迫移民4次，被移民的群众编入特别保甲，严加控制，限制群众自由，每天早、晚2次点名，实行"计口购粮""计口购盐"，并颁发"五光""十杀"令，凡"通匪、济匪、窝匪……"都要杀。国民党用这些毒辣的手段，企图截断红军游击队与民众的联系。

在国民党军重重包围和封锁下，红军和游击队被困在深山密林中，昼行森林，夜宿山洞，以野果、野菜、草根充饥。夏天蚊虫叮咬，冬天寒风刺骨，他们还要忍受饥寒交迫，疾病困扰，野兽侵袭。红军游击队每到一地，主动帮助群众上山开荒、砍竹子、劈竹篾、造纸、砍木材、领导救灾救荒。在当地群众的支持和掩护下，上杭游击队克服饥饿寒冷、疾病伤亡等各种难以想象的困难，活跃在山高林深的双髻山，坚持游击战争。

红军游击队与当地群众建立了血肉相连的密切关系，民众把游击队看成靠山，在敌人的屠刀面前不屈服，无私援助游击队，涌现出许多可歌可泣的事迹。"莲塘惨案"

就是其中一例。

1936 年 8 月 15 日，国民党军第三师抓不到红军游击队员，就拿老百姓开刀，包围了大岭下村和莲塘村，血腥屠杀无辜群众。他们抓住了莲塘村百姓，包括廖乾祥妻儿及岳母一家。面对敌人威胁，村民宁死不肯透露游击队的一点消息。敌人恼羞成怒，大开杀戒，相继残忍地杀害了廖乾祥的岳母、妻子、妻弟全家及村里全部聂姓人口。附近村庄的村民被国民党军逼来围观，其中一户有钱人家看到廖乾祥儿子长得可爱，出钱买下来收为养子，也正因如此，廖乾祥的儿子才得以保全性命。

这一天，国民党制造了灭绝人寰的"莲塘惨案"，莲塘村被杀害 42 人。据上杭县政府统计，"莲塘惨案"被害者中，有孕妇 1 人、出生 96 天的婴儿 1 人、60 岁以上的老人 6 人、青年夫妇 9 对；一家三代遇难者 2 户，18 户灭绝，聂、梁两姓在本村基本绝姓。另据中共上杭县委党史工作委员会编辑出版的《上杭人民革命史》记载，同一天，大岭下村老百姓被抓 69 人，仅仅生还 8 人，房子被烧光，全村变成一片废墟。

在血与火的考验中，廖乾祥毅然决然地选择"大我"，舍弃"小我"。对革命事业坚定不移的廖乾祥，自从参加革命后就把党的事业放在首位，把个人和家庭安危置之度外，他强忍家破人亡的满腔悲痛，默默地把对敌人的仇恨深埋于心。廖乾祥跟随游击队打击敌人，他所在的闽西游击队、闽西南七支队，采用奇袭伏击、声东击西、虚实结

廖乾祥全家于 1962 年合影
（后排居中是当年被人买下的儿子，解放后被找回）

合、神出鬼没等战术，智取大洋坝反动民团炮楼，伏击坑口乡反动民团……取得了大大小小的胜利。

1937 年春节，廖乾祥所在的七支队以欢度春节为诱饵，在双髻山的杀人峡伏击闻讯前来"围剿"的国民党军队。游击队占据有利地形，居高临下与来敌进行激战，打死打伤敌军 200 多人，敌人最终只得灰溜溜地撤回龙岩城，敌师长黄涛哀叹："这是自进剿闽西南以来损失最惨的一次。"这次战斗是闽西南红军游击队在三年游击战争中取得的一次重大胜利，狠狠地打击了敌人的嚣张气焰。

游击队七支队先后摧毁了国民党洪山区公所、大池区公所、邱坊联保办事处，击溃了国民党军第三师一个连，击败了三区、庐丰、大阜、汤湖、中金等处的民团，焚烧了敌人两座炮楼，攻打兰溪乡公所的战斗，击毙保甲长、壮丁队 19 人。游击队七支队在三年游击战期间表现得尤为突出。

1937 年，毛泽东在延安接见闽西南军政委员会领导人之一方方时说："你们坚持三年游击战争，保留了这么多干部，保留和发展了部队，保留了苏区 20 万亩土地，保卫了苏区广大群众的利益，这是伟大的胜利！"党中央、毛主席对南方三年游击战争给予高度评价。默默战斗的廖乾祥，在三年游击战争中为革命付出了全家性命，无数像他一样的游击战士为中国革命作出了巨大牺牲。

肩挑木箱担重任，手拨算盘保军需

军队的生存和发展，离不开钱和粮，更离不开会开源节流、精打细算的当家人。廖乾祥在艰苦卓绝的抗日战争时期，肩挑两只木箱子，手里管着钱袋子，负责所在部队的财政收支。

1937 年 7 月全民族抗战爆发，南方红军游击队改编为新四军，奔赴抗日战场。1938 年 1 月底，新四军军部将闽西、闽粤边、闽赣边、浙南红军游击队组成新四军第二支队。廖乾祥在二支队司令部担任谭震林的警卫员，后随支队北上，到达皖南岩寺地区。

1938 年春，谭震林调三支队任副司令员，廖乾祥亦随同前往。由于司令员张云逸在军部未到位，部队组建之初，三支队的实际工作由谭震林主持。工作千头万绪，繁忙的谭震林非常关心廖乾祥的工作，决定调他到支队司令部军需处做出纳工作。廖乾祥认为自己文化水平低，不熟悉珠算，同时一直跟随谭震林工作，感情深厚，便以文化水平低，不会打算盘为理由不愿离开。

谭震林看穿了他的心思，说道："你不能跟随我一辈子，你年纪已经不小了，总是要分开的，军需工作很重要，兵马未动，粮草先行，钱物和枪支弹药是部队的命根子，需要忠诚可靠的干部来管理，部队才能安心行军打仗。珠算不会不要紧，我来教你，只要耐心去学，就能学会。"

谭震林作为军政主要负责人，非常繁忙，常常工作到深夜，不过，他依旧抽出时间手把手教廖乾祥打算盘和记账。在首长和战友的帮助下，加之好学勤奋，廖乾祥很快

跟随廖乾祥转战大江南北的木箱和铁箱：木箱装票据，铁箱装银圆

就学会了记账。1939 年 4 月，廖乾祥任三支队军需处会计，1940 年 2 月又担任会计股长，尽心尽力地做好财务收支工作。

1940 年秋，新四军第三支队参谋长林维先奉命组建第三支队挺进团，廖乾祥任挺进团供应处主任，跟随林维先团长横渡长江，挺进大别山，开辟桐城、舒城、庐江一带根据地，恢复巩固巢（湖）无（为）敌后抗日根据地，掩护新四军军部渡江。然而，国民党反动派发动了震惊中外的"皖南事变"。在事变中，廖乾祥随林维先率领的挺进团在沿江一带积极接应新四军突围人员，妥善安置伤病员。

新四军第七师成立后，挺进团归七师建制，林维先率领七师挺进团挺进大别山，开辟新游击区，打通第七师与第五师的联络通道。廖乾祥先后任沿江支队供应处副主任、十九旅合作社主任等职。

在艰难困苦的条件下，后勤供给处的任务是保障部队的运转、衣物粮草物资的供应，保证部队吃饱饭、有衣穿，出发行军打仗前进行枪支弹药等物资的准备工作，准备每人所带干粮等繁杂事务。廖乾祥和供应处的同志们千方百计克服各种困难，为部队做好后勤供应保障工作，在部队后勤战线上为夺取战争胜利作出了重要贡献。

廖乾祥工作一贯认真负责，任劳任怨，埋头苦干。他经手大批武器、粮食、衣物、钱款，账目记得一丝不苟，清清楚楚，受到领导的赞扬和战友们的尊敬，被林维先首长表扬是为革命立下大功的人。

无论是战火纷飞的年代，还是和平建设时期，廖乾祥兢兢业业做好后勤工作，不计名利和职位，全身心地投入党和国家的建设事业之中。廖方民回忆父亲时说："我记得 1950 年福州暴雨成灾，一楼进水，一楼的人们搬到二楼，我天天趴在窗口看外面的'水景'。大水几天后才退去，这期间没有看到父亲回来过……"廖乾祥始终是那个"舍小家、为大家"的模范。

　　1954 年 3 月廖乾祥转业到地方，任上海市建筑工会办公室主任，后在市总工会离休。

廖乾祥与夫人（摄于 1952 年）

　　光阴杳杳，逝水滔滔。廖乾祥在叔叔廖海涛影响和引导下，自 1929 年 5 月参加革命，戎马一生，历经战争年代的枪林弹雨，经受住生死考验，满门忠烈。他在新四军任职期间，坚守后勤服务岗位兢就业业，两袖清风，是共产党公职人员之楷模。他用矢志不渝的信仰和坚定不移的信念书写了新四军老战士为党忠诚为国奉献的一生，是当代青年党员学习的楷模！

朱　丹　上海交通大学 2021 级硕士研究生

资料来源：

1. 2021 年 12 月 18 日、2022 年 1 月 6 日，张玲等采访廖乾祥的儿子廖方民先生的记录。

2. 上杭县委党史工作委员会编：《上杭人民革命史》，厦门大学出版社 1989 年版。

施 平
承时代重任　铸"铁军精神"

施平（1911 年出生），男，原名施尔宜，云南大姚人；1926 年在昆明参加中国共产党的外围组织；1938 年 1 月加入中国共产党，任中共云和县工委书记、庆元县委书记；1941 年 8 月进入新四军第一师活动地区——苏中敌后抗日根据地，任《江海报》总编，后历任苏中区党委调研室副主任、主任、苏中第一地委民运

施平在敌后苏中抗日根据地（摄于 1941 年）

部长；1953 年 10 月至 1965 年 5 月，任北京农业大学副校长、党委书记等职；1978 年至 1985 年历任华东师范大学党委书记、上海市人大常委会常务副主任等职；1985 年 7 月离休。在百岁老战士联名给习近平总书记写的信中，他是十名签名代表之一。

对于当代的年轻人来说，我们的经历似乎已是古老的梦。……我们有一点是共同的：都在铺筑强国的路，并为实现它甘愿献出青春和生命。我们的人生舞台很壮阔，我们都生逢其时。

——施平

施平出生于辛亥革命风潮席卷全国之际，目睹了民国初期动荡的局势和屈辱的外交。施平在求学期间参加并领导救亡图存的学生运动，锤炼出不屈的意志和品格。在党的领导下，施平在抗日战场上以笔代枪，动员群众，战斗在保家卫国的前线。在新中国成立后，他投身高等教育事业，尊重知识分子，推动教育体制改革，展现出非凡的改革勇气。施平的经历映照着百年中国的沧海桑田。历史风云变幻，不变的是永恒的初心。

领导爱国学生运动，与蒋介石当面交锋

施平在学生时代关心国家大事、富有正义感，具有出众的组织领导才华和卓越的团结合作能力。施平 15 岁在昆明成德中学求学，并参加中国共产党领导的外围群众组织——"青年努力会"，担任宣传队队长。1927 年 4 月 12 日，蒋介石在上海发动反革命政变后，施平在一次群众大会上发表演说，反对蒋介石屠杀共产党人。之后，他遭到迫害，被迫离开昆明。1931 年 2 月，施平就读于南京金

陵大学，同年9月考入国立浙江大学农学院森林系。

　　1931年九一八事变爆发，国事日非，日寇步步紧逼，国民党步步退让，3个月内东北全部沦陷。浙江大学学生义愤填膺，寻求救国之道，决定组织起来，迫使国民党政府对日宣战，收复失地。施平所在的农学院学生率先冲破当局禁令，成立了"浙江大学农学院学生抗日会"和"浙江大学农学院学生会"，年仅20岁的施平被选为学生抗日会主席。他积极参与联系杭州各校学生工作，成立了中等以上学校学生代表会。11月初，全市中等以上学校师生汇聚湖滨体育馆，决定举行游行示威。施平被选进大会主席团，他走在队伍最前头，带领浩浩荡荡的爱国学生队伍，用震天的救亡口号呼吁民众。街上群众与学生一起呼喊救亡口号，用热烈掌声鼓励学生的爱国行为。队伍相继包围国民党浙江省党部和日本领事馆，学生的示威游行促进了全市人民的抗日行动。

　　示威游行后，为推动抗日救亡运动，学生代表会决定实施"抵制日货"。他们组织学生到商店和市民中，宣传不卖和不买日货的重大意义，并进行检查，封存商店日货。在一次各校学生领导人碰头会上，学生代表一致决议组织学生到南京，直接向蒋介石请愿：一是要求国民党政府立即对日宣战，二是要求蒋介石立即北上指挥抗日，三是要求立即武装学生开赴前线作战，并且要在召开欢送蒋介石北上大会后，学生才返校，不达目的不罢休。

1931年11月下旬，施平等浙大学生会骨干组织并率领杭州市各校学生代表约2 000人乘火车赴南京，当日下午抵达南京下关车站。施平他们一下车就得知，国民党代表大会正在中央大学礼堂开会。主席团决定先不吃不喝不休息，马上进城包围中央大学礼堂。他们到达会场后，高呼要求见蒋介石、要求抗日的口号。在学生要求下，蒋介石让学生进入会场，进行训话。在长达一个多小时的训话中，蒋介石一直强调"攘外必先安内"，让学生好好读书，至于国防和外交大事，则有政府负责；对于学生提出的三项要求，他也没有正面回答，实际上拒绝了学生要求。学生未及发言，蒋介石就离开了。

施平等学生骨干不甘心，吃好晚饭后齐集到金陵大学开主席团会议，等待蒋介石的代表张道藩回复。学生从八九点等到十点多，国民党中央委员张道藩才来。他连哄带骗加威胁，把学生的三个要求一一搪塞过去，第二天派车送学生回校。施平站起来说，要等各校学生代表讨论后再答复，但张道藩根本不听。学生骨干中多数人认为已得到圆满答复，没有必要留在南京。但施平与四个学校的学生坚持留下，一定要找到张道藩，问明蒋介石何时北上，学生要为他们开欢送会。但他们不知道张道藩住在什么地方，无从寻找，最后被宪兵押回学校。这次请愿虽未达到目的，但施平等学生的拳拳爱国之心和坚定的抗日决心，令人敬佩。

1935年12月9日，北平爆发了一二·九学生抗日救亡运动，而杭州学生是全国率先响应北平学生的，施平在其中发挥了重要作用。当施平和同学在阅览室读到上海报纸报道的北平一二·九的紧急消息时，立即决定召开全校学生大会，声援北平同学。12月10日下午，他们在浙江大学校本部举行全校学生大会，将施平推选为浙江大学学生自治会主席，讨论组织全市学生于第二天游行示威等问题。

学生代表连夜开会，他们急中生智，想出了一个省时省力的办法：利用校友关系，派浙大学生回母校直接发动学生。他们不顾疲劳，兴奋地投入到各项准备工作中。天亮后，各班派出的代表陆续回来报告。他们的"战果"颇丰，尤其是杭州高级中学进展顺利。这是国民党省党部和教育厅直接控制下的"模范学校"，是最难啃的骨头。但学生们守在铁栏杆大门两侧，待早上开门时冲进大操场，站到台上宣讲抗日，得到杭州高级中学学生们的热烈回应。

11日下午1时，"杭州市中等以上学校学生抗日游行示威大会"准时召开。各校代表组成主席团，施平又被选为执行主席，带领学生会后游行，高呼抗日救国口号。市学联成立后，国民党封锁了所有省属学校，学校之间的电话被切断，特别是浙大打出的电话无法接通，住校学生不准外出。国民党认为，浙大有共产党，游行示威等都是共产党鼓动的。

施平他们试图发动全市学生冲到南京，打破封锁，惊动了国民党政府。军警特务在学校到处抓人："你们的学生会主席施尔宜（施平原名）在哪里？"在同学们的保护下，施平换装并带领同学们从学校侧门涌出，奔向火车站。但是国民党当局已经下令停驶开往南京的列车，施平和同学们坚持不离开轨道。天气很冷，渐渐下起了雨夹雪，校长和老师们都来劝，但施平和同学们态度坚决，直到国民党当局同意对话，他们才一起返校。

蒋介石决定亲自到浙大与学生谈话。蒋介石来校前10天，教育部副部长雷震来校"视察"，试图把学生的舆论压下去。蒋介石来校前若干天，教育部命令浙大教务长成立"校务委员会"，试图管制学校和罢课的学生。但施平他们并没有退缩。

1936年1月20日，大雪初停，校园内寒气逼人。上午8时左右，蒋介石突然来到学校，还带着省保安司令、杭州市警察局局长。蒋介石进校时，施平和同学们正在办公室开会，事前没有听到一点风声，毫无应对准备。办公室空气骤然紧张起来，同学们预感一场不同寻常的暴风雨即将来临，但无人惊惶。

施平他们并不害怕蒋介石。蒋介石气势汹汹，开门见山地对施平高声说："施尔宜，你鼓动学潮，破坏了学校正常秩序，你现在马上恢复学校秩序，恢复上课。"施平冷静地回答说："我们抗日救亡，要求政府抗战……我们是爱国爱校的。这是全体同学的意见，要我恢复上课，我办不到。"蒋介石大声吼道，"你是学生领袖，领袖说的话，下面就要服从！"施平还是坚定地重复："我办不到。"蒋介石开始威胁、恐吓、怒骂施平："你是坐过'反省院'的共产党，你出来了，又在这里鼓动学潮，捣乱！"施平则打断他的话："我们教务长坐在这里，我自从进校以来，哪天在哪里，他都知道，可以做证，我不是共产党，没有坐过反省院，我只是一个纯洁的爱国学生。"蒋介石没有再说话。

随后，蒋介石又给学生"训话"，说学生太年轻，不懂军事，意气用事，并强调其一贯理论：攘外必须先安内，共产党是心腹大患，不剿灭共产党，内部不安定，怎能对外打仗？蒋介石离开礼堂后，施平立即走上讲台，驳斥蒋介石的讲话，又被告知他需要当面接受蒋介石训话。

蒋介石第二次叫施平谈话时，显得平静和蔼，像长辈对晚辈拉家常。之后，蒋介石才转到正题，又重复地讲了他在学校对全体同学"训话"的内容。施平没有和蒋当面争论，他深知争论完全没用。

蒋介石的态度虽发生了大转弯，但施平他们仍有对立情绪。蒋介石以"解散浙江大学、开除学生会主席施平和副主席杨国华"为要挟，强令学校恢复正常秩序，停止罢课，但也采纳学生意见，换掉校长。施平顾全大局，主动住到校外。施平的"以退为进"策略，保存了学生力量。施平作为学生会主席，依然坚持自己的爱国主张，在凝聚人心、号召学生及推进爱国学生运动等方面，发挥了重要作用。

动员青年投身抗战，
隐藏"身份"虎口逃生显智慧

"战争烈火，使我的青春充满着生与死的搏斗。
我循着这条路，进入一个崭新天地。"

——施平

施平跨入战争风云新天地的第一个脚印，落在瓯江之畔的浙南地区。全民族抗战爆发后，施平离开学校，通过大学好友刘端生（中共地下党员）的介绍，到武汉八路军办事处，随后跟随刘端生到浙江工作。当时，浙江省省长黄绍竑在中共人士帮助下，公布"浙江省战时政治纲领"，实行抗日民主统一战线，准备在浙南山区建立抗日游击根据地，并号召爱国青年到浙江打游击。

1938 年前后，施平动员浙江大学爱国青年参加抗日。1938 年 1 月，他加入中国共产党后，被分配至云和县任"乡村建设指导室"主任（相当于民政科长），第一项工作便是征兵。他接触群众后发现，当时，国民党征兵成了乡、保长压榨百姓的机会。他们恐吓有男丁的家庭会被"抽壮丁"，使这些家庭不得不倾家荡产送钱送礼。经过反复勒索后，乡长、保长又把送钱少的人家子弟送上战场，征兵成了害民的苛政、暴政。

施平决定改革征兵制度，实行"抽签制"：把全乡适合兵役的男青年编成花名册，发榜公布，发动全乡群众看榜检查；然后召开全乡征兵抽签群众大会，把每张签票依序编写号码，搓成纸卷投入箱内；适龄青年一一上台抽签，监督人当众宣读号数，张榜公布，按序号应征入伍，基本做到公平公正，革除乡、保长压榨百姓的弊病。

施平想办法让抗日军人及其亲属受到应有的尊重；摆筵席奉抗日家属为座上宾，帮助他们解决家庭困难，在大门上贴着"光荣之家"的红纸；他改造民谣谚语，提出"好男要当兵，好铁才打钉"，让每一个新兵认识到抗日打鬼子、保家卫国的光荣使命。全县新兵无一人思想动摇，更无一人逃跑，创造了轰动全省的奇迹。

参加抗日的革命青年（摄于 1937 年）

施平积极维护农民的经济利益。在如中地区的"双减"（减租、减息）运动中，施平驳斥"地主养活农民"的谬论，协调农民与当地政府之间矛盾，宣传、教育和团结农民，提高农民的觉悟。他富有亲和力和感召力，在艰苦的战争岁月能得到群众的理解和支持，依靠群众，为中国共产党组织的发展壮大做出贡献。不久，施平被任命为中共浙江云和县工委书记。

1938年4月，施平被调往庆元县开展工作，任"抗日自卫委员会"副主任、中共庆元县委书记。他多次遭到国民党浙江省省长黄绍竑的参谋长罗中天（时任县长）的猜忌。在县委召开会议研讨后，施平向罗中天提议开办"乡镇事务员"训练班，动员民众抗日，他主讲抗日民族统一战线，培养了一批从事抗日救亡、民主建设工作的人才。

但由于国民党破坏抗日民族统一战线，经常同共产党发生"摩擦"，1938年10月后，罗中天等人对施平的态度开始恶化。罗中天先是将政治工作队独立交给政工室领导，限制施平的工作，又企图利诱、收买"调整处"派来的进步青年。

国民党官员在工作上的猜忌和阻挠，并没有动摇施平的抗日信念和政治信仰，他继续隐藏身份开展抗日工作。1938年11月的一天，施平照常上班，看到一封"防止共产党活动"的省府"绝密"文件，在名单上有自己的名字。施平意识到情况紧急，但他毫不畏惧，泰然处之。罗中天突然召开"抗日自卫委员会议"，并宣读那份

"绝密"文件。施平先发制人，说他人在庆元县，怎么会是中共丽水县委委员？一语道破文件中的纰漏，让罗中天无法反驳。

1939年1月下旬，国民党召开"消极抗日，积极反共"的五届五中全会，发起对共产党的全面进攻。施平处境更加艰难，他工作一如往常，照样说说笑笑，但行动更谨慎，更秘密。一个星期后的一天下午，罗中天请施平进入"内宅"谈话，花言巧语地想让施平暴露共产党员身份，施平应对自如，化险为夷，最终辗转逃出虎口。1941年8月，施平进入苏中抗日根据地，加入新四军第一师。

用实事求是的科学态度对待学术争论

施平向来实事求是，廉洁自律，作风朴实，永远与人民站在一起。在新四军第一师辖区内担任地方领导时期，他尊重群众，与群众平等相处。1943年，他担任苏中第一地委民运部长时，为做好减租减息工作，先调查当地土地关系，培训干部，在宣讲中与农民同吃、同住、同劳动，深入体会农民疾苦，引导他们同地主说理斗争，争取正当权益。这体现了中国共产党的宗旨，使党在人民群众中树立了威信。新中国成立初期，施平在高校任职，继续保持实事求是的严谨作风，注重调查研究，尊重科学，维护知识分子权益，关心学生。20世纪50年代，中国生物学界受苏联影响，也出现孟德尔-摩尔根学派与米丘林学派之争。前者认为，生物体中存在决定遗传的特殊物质——基因，基因控制生物的遗传与变异；后者则否认这种特殊物质，认为可以通过人的力量制造一定的外界条件来控制生物的生长发育，达到人类所需的目的。1935—1941年，苏联科学家李森科把学术问题升级为政治问题。

中国高校也受到波及。北京农业大学有一批留学欧、美、日学者，是孟-摩学派专家。农学系教授、小麦育种专家蔡旭，培育出了可以防止华北地区流行的小麦锈病的新品种，又可增产，却被留学苏联的校领导认为是"唯心主义的产品"，不准推广，还处处遭到批判。蔡旭只得说拥护米-李学派，又被加上"披着米丘林外衣反米丘林"的帽子，处境更艰难。蔡旭的境遇引起绝大多数教师对该领导的反感。有专家向刚担任党委书记的施平诉说，施平找多位教授了解详情，认为校领导不应该采取粗暴态度，"唯心还是唯物，要由成果检验"，如果农民都喜欢这个品种，那就应该是"真科学"，不能从理论上否定。他征得中央农业部主要领导同意后，按照这个意见处理。有关部门和同志作了检讨。蔡旭被任命为农学系系主任。

这一事件虽然妥善解决了，但学派的对立和争论依然存在。1956年夏，毛泽东同志在政治局扩大会议上讲话，提倡"百花齐放，百家争鸣"方针。随之召开的遗传学全国会议，使学派争论问题得以解决。其中，蔡旭发挥了重要作用：1956年参与制订了全国长远科学技术规划，并受到毛泽东、周恩来等党和国家领导人的接见；1959年任北京市作物学会理事长，兼任小麦技术专业组组长；1963年，担负起北京百万亩小麦增产的攻关任务；参加周总理领导的小麦条锈病防治工作，有效控制了中国北部冬麦区条锈病的流行。

施平尊重科学，推动学术问题"百家争鸣"的解决方案获得成功，也收获了广大师生的尊敬。改革开放后，施平在华东师范大学（1972—1980年更名为上海师范大学）任职，继续发扬实事求是作风，给大学校园带来一股春风。施平根据"社会主义新人"的内容和要求，提出"群育"和"美育"的育人目标，注重培养大学生的人际和谐能力和审美旨趣。他不仅是高等教育的管理者，也是一名充满思想的教育家。

施平（摄于2021年）　　　　施平（摄于2015年）

施平前辈在少年时期加入中国共产党的外围组织，在青年时期入党，对党的忠诚，对理想信念坚定不移。无论是战争年代还是和平建设时期，无论身处顺境还是逆境，施平始终坦然处之、风雨不惊、斗志昂扬、恪尽职守，对民族、对祖国、对人民赤胆忠心。他是抗日先锋，始终坚定信念，发扬铁军精神；他是教育家，始终坚守实事求是的工作作风，保持知识分子的尊严、良知和真善美；他是老共产党员，始终不忘共产党人的初心、使命。

在施平前辈身上，我们看到了视死如归、百折不挠的英雄气节，看到了恪尽职守、实事求是的实干精神，看到了攻坚克难、艰苦奋斗的革命精神。铁军精神激励着一代又一代的中国人，无比珍贵的精神财富让我们青年学子时刻牢记新时代的使命，坚定地向实现中华民族伟大复兴的中国梦迈出坚定步伐！

褚文杰
梁亦通　　上海交通大学 2020 级本科生

资料来源：

1. 2021 年 12 月，张玲等采访施平同志的儿子施小平先生的记录。

2. 上海市新四军历史研究会提供施平同志简历等材料。

3. 施平：《六十春秋风和雨》，上海人民出版社 1991 年版。

4. 施平：《施平文集》，华东师范大学出版社 2010 年版。

程亚西
立下愚公志　永远跟党走

程亚西（1915—2022），男，江苏沭阳人；1937年参加革命，1940年1月加入中国共产党；同年2月参加八路军，任陇海南进支队教导大队政治队二班班长；1941年任新四军第三师九旅二十六团政治处民运股干事；1942年至1945年回沭阳县做民运工作，打击日伪军和地方恶

程亚西（摄于1940年）

霸；1946年1月至1948年9月，分别任汤涧区、胡集区区长；1948年10月兼任沭阳县胡集区淮海战役支援前线担架运输营营长、营党委书记；1954年调至上海工作；1983年在上海市电气集团总公司顾问岗位上离休。在百岁老战士联名给习近平总书记写的信中，他是十名签名代表之一。

"爱国不是轰轰烈烈，而是纯纯粹粹。"

——程亚西

抗日战争时期，他加入八路军和新四军，奔走于大江南北各战场，经历抗日烽火的洗礼，为民族独立和人民解放英勇杀敌；解放战争时期，他组织担架运输队，在枪林弹雨中与国民党军队较量。他就是程亚西，为新中国的诞生和发展奉献了自己的青春和热血。

于压迫下奋起，于苦难中觉醒

程亚西出生于沭阳县化南乡（今汤涧镇），受过私塾教育。20世纪30年代，日本入侵华北，程亚西与家乡知识分子自发组织起来。他回忆道："以纪宜琛为首，我、任延方、陆起生、程肇惠、纪淑光、王秉功等人结为把兄弟，张贴抗日标语，教学生唱爱国歌曲。哪家哪户受到恶霸地主欺凌，我们就前去理论，并为之伸张正义。"1937年，七七事变爆发后，全民族抗战局面形成。在中国共产党的领导下，中华儿女团结起来，不当亡国奴，拿起刀枪与日寇斗争，建立敌后抗日政权。

1937年秋，在国共合作背景下，中共地下党员孙廷武（灌云县张店人）来到化南乡一带开展地下活动，与地下党员任延方取得联系，将爱国知识青年召集起来，传授先进思想。孙廷武说："人与人之间为什么不平等？难道地主有了钱就可以凌驾于百姓头上作威作福？"这番话引起了程亚西的共鸣，这是他第一次接受党的启发教育。

国民党化南乡乡长徐国梁是当地臭名昭著的地主恶霸，鱼肉乡民，横行霸道，无恶不作，征收名目繁多的苛捐杂税，扒河费、枪支弹药费、牛驴捐、壮丁费等，像大山一样压得农民喘不过气。乡政府则徇私舞弊、为所欲为，抓壮丁时，地主、富农、富裕中农家的子弟体质好，符合体检要求，但他们有钱贿赂乡长、保长，其子弟可躲过兵役；而贫困家庭子弟身矮体弱，却被抓了当壮丁。这些贫困家庭失去劳动力，生活愈加困苦，每年秋冬外出讨饭，翌年春回家春耕。百姓生活艰难，但在徐国梁的强力镇压下，底层群众敢怒不敢言。

孙廷武号召大家团结起来才能推翻土霸王，改造乡政权。1938年春，在南下八路军、中共党员汤曙红推动下，化南乡成立了抗日救国动员委员会，推选纪宜琛为抗日救国动员委员会主任，任延方任宣传股长，程亚西任组织股长，程肇惠任后勤股长，张振球任武装中队长。在地下党组织带领下，他们组织群众与化南乡乡长徐国梁开展多次斗争。人数最多的一次是全乡500多位农民集合，拿着土枪、大刀、铁叉，与徐国梁方展开面对面较量，狠狠打压了国民党反动势力的嚣张气焰。抗日救国委员会队伍从弱到强，逐步发展壮大，并取得了阶段性斗争的胜利。

经过实践斗争，程亚西的思想觉悟得到提升，一颗向往光明、向往进步的种子开始在心中慢慢萌芽。

程亚西回忆道："1938年春，我收到了任延方递来的入党申请表，微黄的纸张透出淡淡墨香。我毫不犹豫地填好申请表，但适逢任延方去山东学习一年。一年来，这张申请表紧紧地跟着我，我开始时放在贴身衣兜里，但时间久了怕暴露身份；又藏在家里麻秆床垫下，但怕家人把它当作废纸丢了；后转移放到墙缝里，但担心雨水淋坏；又藏到高高的房梁上，然而又怕老鼠咬坏；当看到粗粗的玉米棒时，我计从心来，用刀一点点把玉米芯掏出，把入党申请表塞进去。

"1940年秋，中共淮海地委在我家乡沭阳县境内建立数个抗日民主政府，皆隶属于淮海区专员公署。此前我从任延方那里得知，我多年来组织群众反抗斗争的表现得到了党组织肯定。组织认为我一年多来，在抗日救国委员会组织群众开展对敌斗争中，立场坚定表现突出，党组织批准我成为一名正式党员。中国共产党犹如黑暗中的灯塔，为我指明了前进的方向，我终于成为一名正式党员，走上了革命道路！"

当时，程亚西喜极而泣，紧紧地握住任延方的手，久久不愿松开。而今，程亚西回忆起入党时的情景，激动的心情仍久久不能平静。"立下愚公移山志，永远跟着共产党。"在铁的信念影响下，程亚西逐渐成长为一名有铁血精神的钢铁战士。

舍小家北上参军，做民运保障有力

程亚西参加革命后，最早从事民运工作。民运，就是宣传、动员、组织民众，达成政治、军事目标。民运工作对战争成败起重要作用。民运为作战部队提供后勤保障：战前发动群众征收军粮，借用门板、棉被，以备运送伤员；战后登记造册牺牲烈士姓名，告知当地政府，掩埋战士遗体等事项，都需民运工作落实。民运工作虽不上前线与敌人面对面厮杀，但打起仗来，民运战友冒着枪林弹雨，组织担架队运送伤员，子弹不时从头顶飞过，手榴弹爆炸声时常在耳边回荡。

1940 年 2 月，程亚西在孙廷武动员下，说服父母，告别妻儿，前往山东参加八路军。他白天行走在干涸的河道中，晚上趁着夜色突破日伪军封锁线，一路上克服重重阻碍，到达山东省郯城县码头镇。那里驻扎着八路军陇海南进支队，他被分配在教导大队当战士，后任二班班长。

程亚西虽是一名刚刚入党的新战士，但自觉地遵守八路军的铁的纪律，平时主动替老乡挑水，打扫院子，时常受到领导表扬。部队发的枪是老式的套筒步枪，仅有几发子弹，木制枪托的一角损坏了，他就用铁皮补一下接着用。尽管装备简陋，但程亚西刻苦训练，一杆破旧的枪在他手中变成杀敌利器。

1940 年秋，八路军陇海支队南下，在洪泽湖一带与黄克诚、张爱萍部队会合，番号改为八路军第五纵队。黄克诚是纵队司令员兼政治委员，第五纵队下设一、二、三支队。张爱萍任第三支队司令，韦国清任政委，第三支队有七、八、九团。程亚西在八团政治处民运股任干事。1940年8月，持消极抗日、积极反共政策的国民党顽固派，在第一次反共高潮被打退后，再次大举进攻华中抗日根据地，新四军奋起还击，史称黄桥战役。面对数万劲敌，新四军战士以钢铁般意志迎战，官兵一致、同甘共苦、毫不退缩，"革命理想高于天"的钢铁信念支撑他们。

10月10日，新四军苏北指挥部命令第五纵队第三支队八团作为增援部队参加黄桥战斗。程亚西所在的八团驻扎于沭阳县阴平区，距离黄桥数百里。部队日夜兼程赶路，疲惫不堪，稍停片刻人站在原地就会打瞌睡，被后面战士推一下，醒来后又继续走。突然，队伍停滞不前，一条河拦住了去路。程亚西不顾劳顿，紧急组织人员寻找船只，把全团近千人的队伍摆渡过河。历时两个月，新四军以少胜多，在东台白驹与八路军会师，奠定了苏北抗日根据地的坚实基础。

1940年11月，程亚西参加了曹甸战斗，这一战斗切断了曹甸、安丰与兴化城之间敌人的联系；12月，参加了泾口战斗，他所在的民运股，没有武器，拿着喇叭到前线做劝降工作；部队需要运送伤病员，他们马上沿着河岸租用十几条船只，送往阜宁县益林镇后方医院。

1941年1月"皖南事变"爆发后，程亚西所在的八路军第五纵队三支队八团，改编为新四军第三师九旅二十六团，黄克诚任师长，程亚西仍任团政治处民运股干事。1942年3月，新四军三师八团驻扎在沭阳马厂区一带活动，这里是程亚西的家乡。为拓展敌后根据地，沭阳县委多次来部队要求程亚西回地方工作，支队政委韦国清亲自找程亚西谈

程亚西（摄于 1940 年左右）

话，要他回到地方加强武装力量，继续同日伪斗争。1942年5月，程亚西恋恋不舍离开生死与共的战友，到淮海军分区报到。

巧设"臭狗阵"，为民除害保夏收

程亚西受滨海大队和灌云县委委派，赴沭阳县汤涧区建立共产党的武装力量，组建滨海独立中队，担任中队指导员。新四军在抗战相持阶段遭受日伪军围攻，处境艰难，情况复杂。程亚西初建武装力量时，队伍虽有 20 多杆枪，然而一夜间被伪军瓦解，仅剩下程亚西和通讯员。

1942 年 11 月 15 日，日寇向华北派遣十七师团藤原联队的步兵和骑兵约 2 400 人，伪军三十六师七十二旅及苏北各县伪保安大队约 2 500 人，兵分几路向淮海抗日根据

地及所属淮阴、涟水、泗阳、沭阳、灌云、东海、宿迁等县，采取拉网式、篦地式"扫荡"。新四军避实就虚巧妙地与敌伪周旋。而后，日伪军又在沭阳县境内建筑许多据点，企图消灭驻沭阳县的淮海区党政军首脑机关、沭阳县领导机关、新四军十旅及淮海军分区主力部队。程亚西临危受命，到沭阳县官田区一带开辟新的根据地，担任区队长；翌年3月又到汤涧区担任民政股长、民兵大队副大队长，领导地方武装同日伪军战斗，拔掉日伪据点。

1940年秋，恶霸地主范乃济在沭阳县人民政权刚建立时逃到沭城投敌。在敌伪指示下，他开始拉拢"流氓""土匪"拼凑队伍，自封为沭阳县第五区区长，组织伪政权，1943年冬乘日军疯狂"扫荡"之机，带领一帮伪匪、顽军到范场建立据点。当晚，程亚西得知消息，沭阳城内日伪军要向东"扫荡"，汤涧区公所立即转移。范乃济带伪匪、顽军到了范场，强迫当地农民筑碉堡、挖壕沟、拉树枝围拉铁丝网。

1944年夏收前，为开展反"扫荡"斗争，灌云县委召开各区领导干部会议，传达淮海区党委关于坚持斗争的紧急指示，汤涧区委的主要任务是确保夏收、拔除范场据点。区委研究决定，由时任区民兵大队副队长兼治安股长的程亚西负责实施。当时提出的口号是"不被敌人抢去一粒粮食"。小满已过，麦子渐黄，程亚西一边带领百姓抢收，一边以区民兵大队为主，组织各乡基干民兵把范场据点团团围住，冷枪封锁，使敌人无法出动。

考虑到敌我双方武器装备差距大，强攻必造成巨大牺牲，程亚西想出一条妙计，用"臭狗阵"办法智取。民兵大队到各庄去动员老百姓把家中的狗献出来，然后，在夜间把打死的狗抛到敌人据点壕沟里，几天后狗尸生蛆发臭，死狗越多，恶臭越厉害，使据点内的敌人无法忍受。

同时，程亚西适时地向据点守敌头目范乃济喊话，晓之以理、动之以情："我是区大队长程亚西，是你汤涧小学的同学。你现在已成瓮中之鳖，早日弃暗投明吧，不要再与人民为敌了，人民政府政策是宽大的，你能戴罪立功，人民可以既往不咎。"程亚西的计策收效显著，敌人再也不敢到据点外抢百姓粮食，不到一个月，就在夜间偷偷逃跑了。程亚西指挥民兵以"臭狗阵"拔掉了范场据点，既为民除害，又保护了农民夏收。

反攻日寇，速战速决

1943年春，苏北新四军主力及地方部队进行大规模反"扫荡"之后，日伪军龟缩在城里，抗日战争逐步从相持阶段向反攻阶段过渡，中国共产党领导的抗日武装也愈益强大。沭阳各乡镇的日伪据点已被全部扫除，抗日民主政府组织群众进行减租减息的夏收斗争，激发青年参军的热情。

日寇已是日暮途穷，但仍作垂死挣扎。1944年9月的某一天上午，程亚西接到情报，沭阳城日寇近百人突然出巢，行至小郓庄停下。小郓庄被四个村庄环绕，是个相对独立的村庄：东临果真园，西邻任行，北面是蒲汪庄，南面是王圩，各距小郓庄约 1 公里。日寇准备在那里修筑据点。

当时，灌云县大队驻在沭阳县汤涧区马屯南的小梅庄。程西亚立即向大队长李东海报告敌情。程亚西进一步了解了敌方的人数和装备，得知日军和伪军各 30 人，只有两挺机枪，没有大炮。日伪当晚尚未来得及挖壕沟、围铁丝网，只在村庄周边黄豆地、山芋地上放些高粱秆，有人夜晚踩上去有响声，可起到报警作用。下午 3 时，李队长决定趁日伪军尚未站稳脚跟，当晚端掉据点，要求沭阳县地方武装配合。程亚西率民兵大队数十人包围官田西北的王圩据点，防止其增援小郓庄据点，灌云县大队将在凌晨 1 点发起进攻。

是夜，敌人偷袭官南乡公所，走到袁庄附近，听到王圩据点传来狗叫，立即停止行走，发现情况不妙想转身溜走。此时，县大队已打进小郓庄据点，全歼留守之敌，并将返回的敌伪军打回沭城。小郓庄据点被拔除后，沭城日伪军再不敢出城骚扰百姓。直至 1945 年 8 月 15 日，日本宣布无条件投降。

铲除恶霸王叙五

在打击日伪军的同时，程亚西还积极动员民众，与当地的地主恶霸作斗争。淮阴和连云港地区流行"沭阳的地主，宿迁的寺庙，灌云的河滩，东海的湖荡"的说法，形象说明沭阳地主势力强大，农民受地主残酷剥削，农民与地主矛盾激化。地主掌握武器，被国民党各地政府收编，组成反共武装。沭阳东乡大地主王叙五，网罗杀人劫匪周法乾，合编为沭阳县常备第二大队，王叙五自任大队长。沭阳县西的吴筱柴掌控地主土匪武装，被收编为沭阳县第一大队，吴筱柴为大队长。泗阳县的王光夏、灌云县的徐继泰、宿迁县的郭霞轩、淮、涟一带的张风悟等地方封建势力，均被国民党江苏省主席韩德勤委以"游击司令"，组成不抗日的反共武装。

早在1939年，地主恶霸武装使用诱骗手段，在沭阳县汤沟乡乡公所门前，诱杀八路军山东纵队陇海南进游击支队第三团团长汤曙红，还破坏设在汤沟镇的抗日团体以及三团后方的留守机构，掀起了淮海地区第一次反共逆流。为开展苏北抗日游击战争，建立抗日根据地，1940年8月，八路军第五纵队与新四军会师，同年10月解放苏北地区，摧毁了大量日伪据点，歼灭了一批伪军，打垮了吴筱柴、王叙五等反共顽固势力。王叙五逃窜到赣榆县，其余残敌有的公开投敌，有的则盘踞在根据地边缘地区，虽未公开投降日伪，但仍暗地同日伪勾结，破坏抗日，危害群众。

王叙五潜逃赣榆县不久，被当地抗日政府拘禁，于1941年被押解到淮海专员公署。王叙五罪恶累累，鱼肉乡

程亚西（摄于 1944 年）

里百姓，阻击八路军东进抗日，理应处以刑罚，但淮海区党委领导考虑到以建立抗日民族统一战线为重，争取一切可以团结的力量，对他既往不咎，让其在抗战中立功赎罪。淮海区党委决定对王叙五进行教育，为他指明抗日出路，讲清共产党的宽大政策，让他把逃到敌伪区的武装招安过来，成立东、灌、沭边防大队，粮食和服装等由军分区供应，参加抗日。

王叙五当时感激涕零，接受抗日民主政府的条件，表示以后坚决抗日，服从淮海军分区命令，决不再做危害民众之事。王叙五为大队长的抗日边防大队驻扎在汤涧区边沿地带，吃当地百姓供给的粮食，穿当地百姓缝制的衣服，本应遵守诺言，积极抗日，保卫边区，在抗日斗争中立功赎罪。但他们本性未变，在被我军收编之后，内心毫无悔改之意，抛弃当初诺言，暗中勾结日伪势力，继续与人民为敌，敲诈勒索，抢劫民财，强奸、杀害妇女，无恶不作。民众怨声载道。

王叙五仰仗手中有枪，不顾抗日政府法令，擅自向农民摊粮、派款，若有农户交不出，就派人扒屋顶，甚至杀人害命。驻扎在官田、马屯、汤涧等地的王叙五部，造谣中伤抗日政府，欺骗、谩骂、恐吓、殴打群众，甚至鸣枪示威，赶走政府征粮工作人员，破坏抗日政府的征兵、民兵等活动，妨碍党的抗日工作。

1943年，日寇对淮海区发动了大规模军事"扫荡"。王叙五非但不对日伪军进行斗争，反而让汉奸范道济在其驻扎地范场建立据点，暗中向范道济提供情报，公开为其运送粮草，筹集款项，并实施阴谋，致我军十旅二十八团连长陈洁人及医务人员黄金余被害。对此，第一支队领导多次向王叙五提出警告，但他仍我行我素，违抗命令，企图公开投敌。在忍无可忍的情况下，民主政府决定对边防大队采取措施。

1944年秋，淮海区党委和淮海军分区决定解除边防大队武装，消除抗日隐患。第一支队沈参谋长找程亚西了解边防大队的情况，要他进一步深入内部，了解王叙五部的驻地、人员、武器、弹药、战斗力等情况。因王叙五部队的干部都是本乡人，程亚西都认识，任务顺利完成。随后，参谋长换成便衣，在程亚西引导下，到王叙五部一至四连驻地周围察看地形。

清除行动开始后，先由第一支队领导人出面，以开会名义，通知边防大队连级以上干部，集中到一支队司令部驻地藕池庄开会。计划安排周密，准备吃中午饭时行动。王叙五部几人一桌，第一支队几人一桌，以号为令。正在吃中饭时，军号一响，这批毫无准备的恶势力束手就擒，我军一弹未发，缴了对方全部枪支；驻在各地的几个连，当夜被第一支队分别包围缴械，只有个别未到会的成了漏网之鱼。王叙五当场被捕。

经过几天审讯，罪大恶极的王叙五被押送军分区司令部听候处理。其他大小头目，根据每人的犯罪情节，结合群众意见，依法作了判决，将罪大恶极的首恶分子执行枪决，其余愿意回家务农的则遣散回家。消息传开后，东（海）、灌（云）、沭（阳）地区群众无不拍手称快，有的说"共产党真有办法，过去没有哪个朝代能把土匪消灭掉，只有八路军、新四军在一夜之间就做到了"，也有人说"共产党，对这帮人是帮而不是剿，尽量挽救，如今匪心不改，聚而歼之，也是自食其果，如过早地围剿，就不能取得现在的效果"。

王叙五被押送军分区后，抗日政府对他作了第二次宽大处理，让其悔过为民。但王叙五仍不知悔改，以贩盐为名，暗中与周法乾、徐继泰、浦开喜等匪徒勾结。解放战争一开始，王叙五多方搜集我军情报，密报周法乾，并秘密收拢散匪，配合国民党进攻解放区。事情败露后，王叙五被群众扭送政府机关，经审讯，供认不讳。民主政府根据惩治反革命条例，于1946年春召开一万两千多人的公审大会，宣判枪决。民主政府惩治地方恶势力大快人心，扩大了党的群众基础，巩固了民主政权。

徐码突围险取胜

抗日战争胜利后，程亚西担任汤涧区区长。他满怀热忧地投入到轰轰烈烈的土地改革工作中。眼看农民要过上耕者有其田的安稳日子了，国民党却悍然发动了内战，几百万军队向解放区大举进攻，无辜百姓再次陷入战争泥沼。

1946年9月，沭阳县委调程亚西任钱集区区长。县委领导意味深长地对他说，你在部队干过，对游击战有一些办法。程亚西意识到这句话的深意，是让他重拾枪杆子，武装保卫群众，鼓舞民众斗争的信心。程亚西知道任务艰巨、充满凶险，但为了保护解放区民众的生命和财产安全，第二天，他便带着通讯员到钱集驻地王牌坊，并迅速投入工作。同年12月涟水失守后，程亚西于1947年1月初奉淮阴县委之命，带领老弱和妇女干部北撤至山东。1月底，他又奉命回到沭阳县钱集打游击。此时，国民党占领了沭阳城、钱集和胡集。敌人在钱集驻扎了一个营的兵力，并构筑据点，流亡地主、还乡团纷纷还乡，进行破坏活动。

钱集位于区中心，沭淮公路贯穿其中，徐码是钱集的一个乡。为了加强游击战、打击敌人，钱集区署、区委奉县委指示，加强区队战斗力，区队由区委书记徐士善负责，同时把11个乡、村干部和基干民兵集中起来，成立四个联防队，划分四个联防区：新桥乡为第一联防队；钱集、大兴、塘南、西苑四个乡为第二联防队，正副主任由区长程亚西和区委民兵教导员马赢亭兼任；陈圩、张圩、徐码三乡为第三联防队，正副主任由副区长葛庆顺和区委组织科长汤棠南兼任；严荡、纪荡、葛荡三乡为第四联防队，正副主任由区委副书记黄启和区民兵大队副王书俊担任。

1947年1月22日，程亚西在钱集徐码召开全区、乡、村干部大会，传达县委关于当前对敌斗争任务的会议精神，并部署保护农民春耕春种的相关事项。会议中，联络站的战士突然送来情报，国民党约有一个团兵力开到钱集据点，很可能要"扫荡"。数十倍敌人马上兵临城下，面对这一突如其来的情况，一些参会的同志顿时慌了。程亚西沉着冷静，布置大家分散转移：一和四联防队回原地，区署和二联防队驻六塘河东周庄，三联防队驻耿庄，他带区队驻扎在后街曹庄。敌我力量悬殊，敌人若朝这个方向"扫荡"，他带领区队牵制敌人，为其他被包围的同志创造突围时机。他反复强调，晚上睡觉不能解开背包，更不能脱衣睡觉，他预感这将是一个危险之夜。

苏北的冬夜，寒风凛冽，夜色深沉。队员们借助淡淡的月光按计划行动，周围只有树枝晃动的声音和队员在草丛中摸索的窸窣声。凌晨4时左右，几声枪响打破了徐码寂静的夜。程亚西小心翼翼地带领队员到河堤上查看，只见河西徐码到处都是晃动的火光，国民党军队发起了进攻！河滩上还有许多百姓，扶老携幼、惊慌失措地躲避着国民党军队的抓捕。有队员气愤地抬枪就要射击敌人，程亚西连忙阻止："不能打，一打老百姓就遭殃了！"此时，东南和东北方向又传来枪声，三面都是敌人，形势顿时危急起来。

程亚西思考突围策略，三面受敌而且敌众我寡，正面迎敌正中敌人下怀，只有向东突围才能闯出一线生机。游击战经验丰富的程亚西，带领区队边撤退边利用地形进行反击，拖延敌人的进攻，队员们也忘记困倦和伤痛，奋力拼杀，终于冲出了敌人的包围。

然而，包围圈内枪声依然不断，许多联防战士没有撤出来。多等一分钟，包围圈内的战士就多一分危险。来不及让刚突围的战士修整，程亚西按照原计划，带领区队向钱集据点发动奇袭。正在进攻的敌人听到后方据点传来枪声，担心据点失守，只好回撤增援据点。敌人撤退了，区队的有生力量在敌人数十倍的包围下得以保留。程亚西指挥得当，战士们战斗勇敢，胜利突围。

组织担架运输营，淮海战役立新功

1948 年淮海战役期间，程亚西担任胡集区区长和支援前线担架运输营营长，配合华东野战军十二纵队，为攻打徐州作准备。为了做好运输工作，确保前线物资到位，程亚西手绘淮海战役图，在薄薄的一页纸上标记出重要战略目标。解放军缺少运输设备，程亚西带领运输营战士用小推车推着粮食、弹药支援前线。无论道路多么崎岖艰难，运输队员都准时将物资运到前线，为了把粮食留给英勇战斗的前线战士，宁愿自己挨饿也不愿意吃一口自己运输的粮食。陈毅同志曾说："淮海战役就是人民群众用小推车推出来的。"程亚西还负责前线担架的分配，每一个担架都关乎战士的生命，他常冲上前线用担架抬下伤员，遇到敌人轰炸，便用身体护住伤员。

吴集区委全体合影（前排右一为程亚西）（摄于 1950 年）

1948 年 11 月 23 日上午，程亚西在支前团驻地参加营干部会议。敌军侦察机发现了途经支前团驻地的十二纵队，遂派遣十几架飞机俯冲扫射轰炸，妄图阻止十二纵队加入前线战斗，驻地一时间硝烟弥漫。团部孙川仁提议先散会躲避轰炸，边说边走向窗边瞭望。团长让各营最后再报一下数字。话音未落，伴着刺耳的尖啸声，一枚炸弹正好落在屋后的大椿树上。只听一声巨响，所有参会人员觉得天翻地覆，耳朵嗡嗡叫个不停，大脑一片空白。回过神来时，只见屋内一片漆黑，所有门窗都被堵死，后墙已经倒塌，与会者都被埋在废墟里。孙川仁恰在窗口，他奋力用碎石将变形断裂的窗框砸开，大喊着让大家赶快从窗口出去。幸存的同志们借着窗口的阳光艰难地清理开压在身上的土石，摸索着爬出了废墟。

屋外到处都是敌机的子弹扫射和炮弹轰炸，程亚西和战友卧倒在倒塌了一半的墙根边，等敌机弹药耗尽飞走了才急忙爬起来，从废墟里挖出被掩埋的同志。爆炸中有两名同志牺牲了，其余战友从废墟中爬起来，拍拍身上的灰尘，压抑着心头的悲伤和痛苦掩埋好牺牲的同志，继续战斗。在艰难困苦的环境中，程西亚和战友都有一个不可动摇的信念："听党指挥，跟党举旗。"解放军战士团结一心，不屈不挠，勇敢战斗，最终迎来全国解放……

新中国成立后，程亚西先后担任江苏省卫生厅人事处副处长，华东局组织部财委二办审干工作综合组组长，（上海）交通部勘察设计院三分院政治处主任、党委副书记兼纪委书记，一机部上海电器科学研究所、电缆研究所、电动工具研究所党委副书记，于 1983 年 12 月离休。

（上海）交通部勘察设计院三分院（右二为程亚西）（摄于 1955 年）

程亚西
（摄于 2021 年 7 月 1 日）

　　"挺身而出，迎难而上"，有无数像程亚西同志一样的战士在民族危难之时选择挺身而出。在无数像程亚西一样的铁军战士的拼搏下，抗日战争以中国的胜利、侵略者的失败而告结束。中国共产党是抗战的中流砥柱，中国共产党的领导是伟大的抗日战争赢得胜利的根本保证。

　　新四军战士程亚西同志是一个顽强勇敢的战士，一个信仰坚定的共产党员。党和人民会永远铭记像程亚西这样对党对人民赤胆忠心的老同志。我们青年大学生一定继承和弘扬老一辈革命者的铁军精神，为实现共产主义理想而努力奋斗。

杨皓然　　上海交通大学 2020 级本科生
鲁颜玮

资料来源：

1. 2020 年至 2021 年，张玲等多次采访程亚西及其儿子程超、程群先生的记录。

2. 程超、程群提供的程亚西回忆录《离休回眸》。

王 维
狼毫染红缨　铁笔铸英雄

王维与夫人（摄于 1949 年）

王维（1919—2023），男，浙江临海人；1937 年参加吴兴县的"浙江省政府直属战时政治工作队"；1941 年加入中国共产党，后进入《民族日报》，从事抗日宣传工作；1941 年赴苏南参加新四军，在第六师第十八旅五十三团先后任《前进报》编辑、师部新闻组长等职；1944

年春调入新华社任苏北分社记者、盐阜支社代理社长等职，1945 年亲临前线报道解放淮安战役；1947 年秋改任《江淮日报》《皖北日报》社长兼总编辑，以《江淮日报》为阵地鼓舞士气，助推淮海战役胜利；新中国成立后曾任《解放日报》社长兼党委书记，并当选上海市政协常委、市人大常委会委员，1995 年离休。在百岁老战士联名给习近平总书记写的信中，他是十名签名代表之一。

1937 年七七事变后，进入全民族抗战阶段，面对日寇的侵略，血气方刚的他挺身而出；他以报纸为阵地，以笔杆为武器，以文字为利剑，是临危不惧的铁军战士。命运的暴风雨袭来，被扣押、被污蔑、被批斗、被保释、被雪耻、被平反，三起三落，他怀着一颗赤诚之心，宠辱不惊。王维，用一支铁笔，记录了历史沧桑，书写着一生跟党走的人生传奇。

书墨浸染童稚心，药香难抑少年志

王维父母都是爱国知识分子，在上盘小镇创办了一所初级小学，于乱世中勉力经营着一方安静的书桌。但动乱与时局难以让学校正常运转。不久，他们被迫转让了这所小学。

王维 10 岁那年，父亲病逝。由于家里无力再供他读书，他只好辍学在家。母亲没有屈服于命运，一边辛苦维持家庭生计，一边坚持在家中教育王维。王维从《古文观止》中受益最多。母亲逐字逐句地解读，让幼小的王维仿佛看到千年前的古人穿梭于匆忙的人世间，或狂狷、或哀愁，或忧国忧民、或救国救民，在 10 多岁的王维心中埋下了一粒爱国的火种。

1937 年，浙江台州一家浸染着药香的中药铺，夜里散发微弱的灯光，学徒们发出或深或浅的鼾声。18岁的王维坐在用门板做的床上，一遍又一遍地品读着邹韬奋的文章。12岁那年，为了生计，王维不得不来到50公里外的临海城内一家药栈当学徒。学徒的生活是清苦的，粗茶淡饭、看人脸色，但王维很快学会了苦中作乐。原来，药店为了缓解客人排队的焦虑，订了《申报》和《新闻报》，这两份报纸给王维提供了丰富的精神食粮。无数个夜晚，他忘情地遨游在新闻海洋，从新闻世界吸取知识营养，了解国际国内局势，激发家国情怀。就是在这一份份充满油墨味的报纸中，他找到了人生的榜样——民国第一报人邹韬奋。怀着对偶像的崇拜，王维省吃俭用，订购邹韬奋主编的《生活周刊》，并立志成为像邹韬奋那样对国家有责任心的新闻人。

1937年进入全民族抗战阶段，中华民族到了最危险的时候。一时间，激情混杂着悲愤在王维胸膛中翻滚。南京、杭州相继陷落，他再也无法忍受，毅然离开家乡，踏入抗日爱国洪流，来到吴兴参加"浙江省政府直属战时政治工作队"（简称"政工队"）。在第二次国共合作背景下，政工队演变成浙江省内各方共同抗日的一种新型组织形式。王维在这里结识了许多进步人士和中共地下党员。

那时，进步青年都有上阵杀敌的急迫心理，王维也不例外，也想到抗日前线参加战斗。政工队教官开导他，要抗日，仅靠战场上的枪炮是不够的，更需唤起四万万同胞的抗日斗志，要宣传动员群众，告诉沦陷区、敌占区民众，战争还没有结束，中华民族还没有被击倒，一定要团结起来，把日寇赶出中国。这些教导唤起了王维的正义感、爱国情，他开始投稿写文，在担任县政工队副队长紧张的工作之余，还自办一张四开两版名为《反扫荡》的油印小报，这是他办报的初次尝试。

王维在这段忙碌的岁月中思想逐步成熟，他边工作边办报，视野逐步打开，知识越来越广博，思考的问题也愈加深刻：世界局势如何发展？中国的出路在哪里？他意识到，国民党拯救不了中国，拯救不了童年的那所小学，拯救不了那些和他一样睡在门板上的中药店工友。1941年，他找到了信仰与灵魂的依托，秘密加入中国共产党。

1941年，王维被党组织安排到浙西《民族日报》当助理编辑，他正式成为一名新闻工作者。该报由国民党浙西行署于1939年创办，是浙西抗日前线影响较大的报纸，早期实际领导权掌握在中国共产党手中。中共在报社建立特别支部，社长王闻识任特支书记。1940年，国民党顽固派把王闻识排挤出去后，社长的继任者曹天风和乐培文等进步人士，仍然坚守团结抗日的办报主张。

办报经历让王维感到手中的笔亦有不逊于刀枪的力量。他深知，中国需要更多的邹韬奋，鼓舞更多如他一般的有志青年投入革命大潮，中华民族才有复兴的希望。但"皖南事变"之后，国民党消极抗日、积极反共的面目日渐暴露。他接到一份反共、反新四军的新闻稿。身为中共党员，他冒着被暴露的风险，悄悄把稿件扔掉。然而，他平日的表现早已引起国民党顽固派注意。不久，王维便被扣上"政治嫌疑犯"的罪名遭受拘押，遭受了残酷迫害，死神的脚步曾一度逼近，但幸得社长曹天风帮助，才得以被保释回报社。

王维考虑到自己已成为国民党顽固派的眼中钉，随时有再次被捕的危险，便在党组织帮助下秘密离开天目山地区，加入江淮战场的新四军第六师十八旅五十三团，相继任《前进报》《东进报》编辑。回到了党组织怀抱的他，继续用文字揭露国民党顽固派的消极抗战立场，用铁笔刺穿其反共真面目。

狼毫亦有千军力，电报声传战地歌

1944 年春起，王维奉调新华通讯社任苏北分社记者、盐阜支社社长（代理）。1945 年 8 月 15 日，王维正参加苏中记者大会，获知日本天皇宣布接受波茨坦公告，无条件投降的消息，心中充满激动与喜悦。不久，王维得知，黄克诚带领的新四军第三师已从津浦路南段回师向"两淮"（淮阴和淮安）进发。"快！追上去，上战场，抓一线报道。"他背着电台，直奔前线，经历了终生难忘的淮安之战。

面对国民党吹嘘的"铁打的淮安"，王维放下手中的笔，带上电台和《盐阜报》有关人员上前线，请示指挥部，他作为总攻突击队的一员登城，报道战况。我军于1945年9月22日上午8时，对淮安城发起总攻，王维臂缠红布条，紧跟突击队向前奔跑，在火力掩护下，从城东南攀云梯登城，突入城内。激战至10时，守敌大部被歼，仅存伪旅长、伪专员率残部利用工事负隅顽抗，战至下午3时，被全部歼灭。

淮安之战已尘埃落定，但王维的战斗还没有结束，他马不停蹄地从城北爬出城墙，一边往电台奔去，一边打着腹稿到了电台前，他立即向译电员口授淮安解放的消息，快速发往新华社华中分社和总社。很快，延安《解放日报》将这份报道作为第一版头条新闻予以刊载！

多年后，王维谈到这场战役还心潮澎湃，他说："事后，有的同志问我，当时是什么样心情。我说，经过八年艰苦抗战，终于盼到这最后胜利的一天，能和战斗员一起去夺取胜利，是十分令人振奋的事情。投身这样一场大的战役，和成千上万的指战员和民工一起，战场上的热火朝天，只感到自己渺小。"他随后又担任《新华日报》（华中版）副总编辑、《江淮日报社》社长兼总编辑，不断把解放战争胜利的消息传递至全国各地。

在淮海战役围歼国民党黄维兵团的关键阶段，《江淮日报》发挥了"攻心战"作用。该役中，我军60万，而国民党军队80万，实力悬殊甚大。但在这场被毛泽东称为"夹生饭"的战役中，国民党的军队硬是被我军一口又

王维（摄于 1960 年）

一口"吃掉了"。

我军官兵英勇奋战和民众的支持是胜利之本，而鼓舞士气的宣传战则使解放军如虎添翼。《江淮日报》天天报道歼敌战况，极大鼓舞了官兵士气，有官兵开玩笑地说："王维办报天天打黄维。"淮海战役胜利后，王维奉命接收国民党的《皖北日报》。他冒着枪林弹雨，乘小木船强渡淮河，只花半天时间便完成接收任务。翌日出版的《江淮日报》便取代了《皖北日报》。

王维不是高居象牙塔之中的人，而是迎着战火冲在一线的无畏的战士和记者，第一时间获取战报告知全国人民。无论在民族危亡之时，还是解放战争时期，他以笔杆为武器，宣传和贯彻党的方针政策，坚定了官兵必胜的信心。

新中国成立初期，王维与老一辈新闻工作者致力于开创新中国的新闻事业。他在《安徽日报》《解放日报》工作期间多次遭受冤屈，历经磨难而赤心不改。王维于1978年重返《解放日报》，任党委书记兼总编辑，提出"报纸应以发表新闻为主""新闻要新，要让事实说话"等原则，提倡"大家来写短新闻"。1980年初，他又创办了《报刊文摘》以及《解放日报》（市郊版）作为新闻改革的试验

王维夫妇（摄于 1990 年）

田，为农民发声。真可谓，"三起三落"难穷志，字字铅墨为民心。

王维（摄于 2015 年）

王维老战士从抗日烽火中一路走来，为报纸撰写了无数华章，报纸铅字也记录了王老的信仰。一支铁笔伴戎装，矢志不渝为人民。

王维前辈用坚定信念与顽强意志诠释了铁军精神的真谛。他拒不报道反共新闻而被迫害，据理力争，毫不妥协，多次与死神擦肩而过。这种百折不挠、不怕牺牲的精神，正是铁的意志体现。在解放淮安战役中，他不顾安危深入战场，只为带来战场的第一手消息。淮海战役中，他每天报道人民解放军的歼敌数量，有效地鼓舞官兵的斗志。王维老战士用一支铁笔，记载下中国共产党艰苦卓绝的奋斗历程，是铁军精神的忠实践行者。

吴政达
卜艺康　　上海交通大学 2020 级本科生

资料来源：

1. 2021 年，张玲等采访王维及儿子王小维先生的记录。

2. 上海市华中抗日根据地新四军历史研究会第三师分会秘书长顾宪先生提供的资料。

吴锦廷
服从安排听指挥　平凡岗位做奉献

吴锦廷（1920—2022），男，江苏苏州人；1944年加入新四军，参加抗日战争；1947年加入中国共产党，参加解放战争。淮海战役结束后，吴锦廷在徐州第三兵工厂工作。新中国成立后，他在上海江宁区委负责档案管理，1982年12月从上海汽车电机总厂离休。他是给习近平总书记写信的46位百岁老战士之一。

吴锦廷（摄于1944年）

没有人生来坚毅，命途多舛使他百炼成钢；没有人生来勇敢，救国救亡的责任催促他奋勇抗敌；没有人生来无私，理想信念砥砺他勇往前行。吴锦廷的一生，苦难而光荣，平凡又伟大。在日寇的铁蹄下，他怀揣报国志向，英勇杀敌；在入党第一天，他便冲锋在前，哪里有枪声，他就奔向哪里；革命胜利后，他默默奉献，无条件服从组织安排。走过百年风雨历程，他始终初心如一。

命途多舛忧家国

吴锦廷出生在 1920 年。那是一个时局动荡、饥疫横行的年代，妻离子散、家破人亡的事情时有发生，吴锦廷一家也未能幸免。他出生后不久，父亲便撒手人寰，母亲由于承受不了独自抚养孩子的压力，便改嫁了。童年的坎坷给他带来很多不幸，却也形成了他刚毅的性格。

天无绝人之路，吴锦廷的母亲离家后不久，中年夫妇吴志鹏和薛八妹将他抱回家收养。养父养母去上海谋生，吴锦廷便也跟着来到上海。上海是风云际会的大都市，也是中国共产党的诞生地，是中国工人阶级最为集中的城市，具有光荣的革命传统。国内各方势力在此处交锋，工人斗争此起彼伏，表面看似平静实则暗流涌动。工人们在共产党领导下此起彼伏的起义斗争、军阀的龌龊与国民党反动派背叛革命的无耻行径，在年幼的吴锦廷心中留下难以磨灭的记忆。七八岁时，吴锦廷进入小学，听家人和老师谈及四一二反革命政变中共产党员和工人们被迫害的惨状，对工人和学生的遭遇深感同情。正是从那时起，他心中埋下了为贫苦大众斗争的种子。

1937 年 7 月 7 日七七事变爆发，全民族抗战开始。8 月 13 日，淞沪会战开打。日军的飞机对上海狂轰滥炸，民众纷纷逃难，养父母把吴锦廷送进一家工厂当学徒。淞沪会战中，国民党军队与日军相持三个月，最终败退，上海落入日本侵略者手里。上海沦陷后，物价飞涨，百姓生活愈加艰难。工人吴锦廷看到日军惨无人道的恶行，心中早已萌发杀敌报国的念头，只是苦于没有机会。

1944 年 8 月，中共地下党员姜时来到吴锦廷所在的工厂，动员青年工人参加新四军抗日。姜时的到来犹如一束火把，点燃了吴锦廷心中的火种。"我对他讲，我是爱国青年，痛恨日本鬼子，我要参加新四军抗日，他表示欢迎。"吴锦廷终于找到报国机会，投身火热的抗日民族大业。

战士疆场拼死战

1944 年 12 月 25 日，24 岁的吴锦廷回到苏州老家，告知养父母要参军抗日。新四军在江南一带抗日救国，民众基础好，口碑佳。养父很支持他参加新四军抗日，只是隐隐为吴锦廷的安危担忧。养母抱着吴锦廷的头失声痛哭。吴锦廷的新婚妻子虽默默无声，但也在偷偷抹泪。吴锦廷看此伤心场景，内心不断斗争。但他转而一想，先有国，才有家，便含着眼泪离别父母和妻子。

吴锦廷投身抗日事业后，成为驻扎在苏北曲塘莫家庄抗日根据地新四军独立二团的一名战士。参军第一天，独立团二团团长亲自接待吴锦廷一行人。团长说起抗战的艰难局势、全民族统一抗日的必要性，吴锦廷听在耳，记在心。在敌后根据地战斗的日子里，每每想起沦陷区人民受压迫的苦难生活，战斗中牺牲的战友，吴锦廷心中便久久不能平静。他决心奋勇杀敌，将日军早日赶出中国，还老百姓好日子。

新四军的军旅生活不仅使吴锦廷蜕变成一名优秀的战士，更在他心中孕育了红色理想。在团长指挥下，吴锦廷和战友用游击战术，同日伪军战斗，不断打击其有生力量。1945年8月日本无条件投降，中国军民最终取得抗日战争胜利，逃难的人们回到了各自家乡，妻离子散的百姓团聚在一起。

吴锦廷在抗日战争中表现英勇，政治上要求进步，党组织准备发展他加入中国共产党。吴锦廷从部队指导员处得知让他写入党申请的消息后，感到十分振奋，长期积累起来对党的感情如井喷般爆发，入党申请书很快书写完毕。他仍记得主要内容："我在波澜壮阔的抗日战争中深深体会到，中国共产党是一个拥有坚定信仰，忠于人民，坚贞不渝的爱国政党；是一个不怕牺牲，勇夺胜利，百折不挠的坚强政党；是一个军民一致，官兵一致，牢不可破的团结政党；也是一个令行禁止，执纪严明，秋毫无犯的有纪律政党；更是一个勇猛顽强，英勇善战，所向无敌的铁一般的政党。我只有加入这样的党，才能真正为人民服务，才能真正保卫国家，才能真正翻身做主，当国家的主人！"

光荣入党意志坚

1945 年 8 月，在日本宣布无条件投降后，国民党政府在美国的大力支持下，加紧部署全面内战。1946 年 6 月，在美国支持下，国民党政府不顾全国人民的反对，悍然发动内战，对解放区发动全面进攻，扬言要在三五个月内消灭共产党领导的人民军队。中国共产党领导全国人民开始了伟大的人民解放战争。吴锦廷随所在部队也参加了解放战争。

1947 年 6 月 25 日，部队正在休整，吴锦廷接到通知，党组织批准他加入中国共产党，介绍人是指导员朱道本和战友虞盘昌。入党宣誓仪式后，吴锦廷成了一名光荣的共产党员！他知道，加入中国共产党，就意味着要比常人付出更多，要吃苦在前、享乐在后；冲锋在前，撤退殿后。

吴锦廷在思想上更加坚定了将革命进行到底的决心，决心发扬共产党人的光荣传统，为人民群众服务，为早日建立新中国不懈奋斗。就在入党这一天，团长命令连长将吴锦廷调到团部去修机枪。此后的战斗中，他听从命令，哪里机枪有故障，就立即奔向那里抢修机枪。不管战斗形势有多严峻，战场环境有多恶劣，他都义无反顾地冲锋在前。他知道，我军与美帝国主义支持的国民党军队装备相差很大，一个连队可能只有这一挺机枪。他早一分钟修好，我们战士就能再多坚守一天阵地、少损失几位优秀战士、多消灭几个敌人。他继续发扬不怕牺牲，无私无畏的"铁军精神"，坚定不移地完成党组织交给他的任务。

1947 年 7 月，解放战争由战略防御转入战略进攻，人民解放军接连进行了辽沈、淮海、平津三大战役，基本上消灭了国民党主力军。1948 年 11 月 6 日，吴锦廷参加了淮海战役，英勇战斗，直至 1949 年 1 月 10 日结束。淮海战役结束后，我军接收了国民党徐州第三兵工厂（现位于徐州九里山一带）。吴锦廷被安排在兵工厂工作。

1949 年 10 月 1 日，中华人民共和国举行开国大典，毛泽东同志在北京天安门城楼上宣告中华人民共和国中央人民政府成立。与中国四万万同胞一样，吴锦廷也为这一消息兴奋不已。作为一名共产党员，他努力地投身工作，建设这个新生的国家。1950 年 1 月 13 日，吴锦廷从第三兵工厂请假回到家乡，看望多年不见的父母，但却只见父亲、不见母亲，一问才知，母亲已于 1948 年 7 月 7 日不幸离世。这个沉痛的消息对他打击很大，他回到兵工厂后，因思念母亲而生病，不

久病情加重住院治疗。厂领导
见他病情严重，劝他先回乡
治疗。

吴锦廷（摄于 2015 年抗战胜利 70 周年）

　　1950 年 4 月，厂领导替他
办理了复员证明，吴锦廷回到
了家乡。经过 4 个月治疗，身
体逐渐恢复健康。8 月，当地
党组织征求意见，问他能否到
上海江宁区委工作，吴锦廷回
答说：一切听从党组织安排。
他持介绍信到上海江宁区委报到，负责管理档案。1951
年 5 月，他再度奉命去上海电机厂、上海汽车电机总厂
等单位工作，直到 1982 年 12 月离休。

　　"苟利国家生死以，岂因祸福避趋之。"吴锦廷
在中华民族遭受日军蹂躏、面临亡国灭种之时，毅
然参加新四军抗日，保家卫国、英勇杀敌、听从指
挥，用行动诠释了什么是铁军精神。吴老作为一名
共产党人，信仰坚定、充满家国情怀、淡泊名利、
默默奉献，值得后人敬仰和学习！

　　新时代青年应向吴锦廷等新四军老战士学习，
继承和弘扬新四军"铁军精神"，树立远大理想，积
极投身中华民族伟大复兴的崇高事业，为把祖国建

设成为一个富强民主文明和谐美丽的社会主义现代化强国而不懈奋斗！

田　倞　　　　上海交通大学 2020 级本科生

李　盼

资料来源：

1. 2022 年 1 月 22 日至 23 日，张玲等访问吴锦廷及女儿吴文琴女士的记录。

2. 上海市新四军历史研究会学术分会提供的部分资料。

莫 林
铁军风骨　诗意人生

莫林（1920—2020），女，原
名姚世瑞，江苏如东人；1940年3
月加入中国共产党，同年10月奔赴
海安加入新四军，改名莫林；1940
年11月至1941年11月，任如皋县
掘南区宣传委员，负责民运，组织
农民开展减租减息运动；1942年9
月，任如东县丰西区区委副书记；
1949年4月，任江阴县委委员兼区

莫林（摄于1950年）

委书记；新中国成立后，相继在上海市宝山县、上海市农
委、上海农学院任领导职务。1985年离休后，莫林潜心诗
词创作，著有《风雨潇潇》《小路集》《还我梅魂》《韵海
轻舟》《青山有路》等作品。

　　抗战时期的江淮水乡，传闻新四军第一师有一位传奇

女将，人称"双枪老太婆"：一手拿枪，令日伪心惊胆战；一手拿笔，用文字书写爱国华章。她就是莫林。面对伪军的严刑逼供，她以柔弱之躯宁死不招；面对命运不公，她以超乎寻常的韧性与之抗争，以诗怡情，成为兼具革命和文学两种气质的巾帼英雄。

青春梦觅英雄血，立志革命守初心

1920年，莫林出生于古坝镇乡下一个世医家庭，她从小受到良好教育，很早就明白"国家兴亡，匹夫有责"的道理。姚家家境殷实，给幼时的莫林提供了一片无忧的成长环境。她常常溜进年迈的祖母房中，趴在床头，在煤油灯下，听祖母讲"雷公惩治恶人"和"潮头鸟救好人"的故事。更多时候，莫林则喜欢在秋季农闲时节听曹表叔讲共产党人的故事。曹表叔，绰号"曹大炮儿"，是莫林家的短工，虽然文化程度不高，但是善恶分明，讲起故事来绘声绘色。他口中的共产党人是正义的化身，是刀枪不入的好汉。因此，每当小莫林听了这些故事，总是热血沸腾。或许，从那时起，莫林心中便萌发了成为一名共产党员的心愿。

10岁时，莫林被家人送往古坝小学念书，不仅学习中国传统文化，还逐渐受到革命文学的感染。徐静渔、何晴波、俞名璜等思想进步的老师，都是她文学路上的启蒙者。这些人上课不局限于书本，而是主张学生"开眼看世界"。他们关心时政，向学生宣传抗日救国思想，并践行爱国理念。如：徐静渔谈到九·一八事变时，慷慨激昂、声泪俱下；何晴波向学生宣传著名革命作家丁玲的事迹，鼓励学生多多阅读她撰写的书籍，如《法网》《莎菲女士的日记》等；俞名璜积极宣传爱国主义思想……此外，汤孔集老先生在传统文化方面指点过莫林，令她记忆尤深的是学习《孟子》《陈情表》等古文，从中得到了传统文化的滋养。

莫林具有强烈的反叛精神。小学毕业后，父母不让她继续上学，还给她订了婚。她受到一个"哭"字启示，常常以泪洗面，不让上学就绝食。父母拗不过她，最终让她去如皋城参加中学考试。她顺利考上如皋中学，家里却又不让她就读，还多次逼她去当童养媳。面对家长的决定，莫林并未妥协，而是以超乎寻常的韧性与之抗争。

1937年，七七事变爆发，日本帝国主义全面侵华。可是，以蒋介石为首的国民党政府奉行片面抗战路线，致使中国军队在前线节节败退。不仅上海、南京、武汉等大城市迅速沦陷，连莫林的家乡如皋古城也未能幸免。古城内，随处可见日军飞机轰炸后留下的碎瓦砾，妇女儿童无家可归。

此时，莫林结束三年的辍学期，前往邱陞中学就读。邱陞中学以抗倭英雄邱陞命名，由当地爱国进步人士创办，招收当地失学少年。全校仅六个年级，不足300人，但大部分教师是不满奴化教育、颇具民族气节的有志青年。在抗日风潮感染下，莫林意识到，身为一个中国人，想要改变祖国命运，光靠多读些书，多学些理论知识，还远远不够。唯有站起来投入抗争，并且鼓励更多人加入抗日队伍，才能取得胜利。自此，莫林开启了漫漫革命路。邱陞中学的几位校友对她影响巨大。

她回忆道："金礼章（后改名金湘）是我的引路人。他比我高一届，是学校各类大型活动的骨干成员。我成为邱陞中学'小号手'、诗社和青抗协组织的主力干将，都离不开金礼章的帮助。他在学校举办各式各样的抗日活动，凭借敏锐的洞察力和敦厚的性格成为邱陞中学抗日活动的导航人。有部分学生受到政府'读书便是救国，救国便是读书'思想影响，不问政治，埋头读书。但金礼章不仅阅读大量进步书籍，开阔视野，更召集了一大批同学兴办学习班，讨论国家大事。在此过程中，我开始憧憬和向往革命。我们一部分同学在金礼章带领下，创立青抗协组织、兴办农民识字班，宣传抗日救国思想，吸纳爱国进步青年。

"顾斌是邱陞中学的共产党员，是我的入党介绍人。顾斌、金礼章和我同是邱陞中学第一届党支部成员。金礼章是书记，顾斌和我分别为委员。我们共办学习班，阅读马克思主义书籍，吸收先进分子入党。邱陞中学的每一次活动中，我都能看到顾斌积极忙碌的身影。我在自传《风雨潇潇》中这样评价顾斌：'她性格外向、倔强，善恶分明、嫉恶如仇、正义感甚强；她快人快语、滔滔不绝、洋洋洒洒，很容易使人看到她的政见、主张。'正因为顾斌对正义的追求以及直爽的性格，才使得我与她成了一生的挚友。

"大姐林仪是另一位对我帮助较大的人。她与金礼章一样，是我的偶像，更是我内心革命种子的播种者。林仪凭借渊博的学识、娴静优雅的风度给当年只有 20 岁的我上了入党第一课，进一步坚定了我的信仰。"

邱陞中学是莫林革命征途的第一站，诸多同学也成了莫林人生路上的同路人。在战友、同伴鼓励下，莫林逐渐成长为一个英勇无畏的抗日勇士。

人称"双枪老太婆"，不畏生死"莫政委"

1940 年 6 月，新四军江南指挥部根据中共中央 5 月 4 日发布的《关于放手发展抗日力量，抵抗反共顽固派进攻》指示，率所属主力北渡长江，7 月初挺进苏北；下旬，组建新四军苏北指挥部，陈毅、粟裕分任正副指挥。为建立以黄桥为中心的抗日根据地，苏北指挥部所属部队随即东进黄桥地区；8 月，为策应新四军发展苏北，八路军第五纵队东进淮（阴）海（州）地区，形成南北配合，打开苏北抗战局面。国民党苏鲁战区副总司令兼江苏省主席韩德勤消极抗日、积极反共，视新四军苏北部队为心腹之患，集中兵力进攻黄桥，企图把新四军消灭于长江以北，史称"黄桥决战"。9 月初，韩德勤军队包抄进攻新四军，新四军被迫反击，经过月余奋战，大获全胜，全歼韩部独立六旅和第八十九军等 1.1 万人，并乘胜追击，攻下海安、东台城，至 10 月 10 日与南下的八路军胜利会师于盐城以南的刘庄、白驹一线。

黄桥战役胜利后，金礼章立刻传达中共马塘区委决定：在邱陞中学发动学生参加新四军。当时莫林已是邱陞中学地下党支部的三名支委之一，党组织决定由莫林、张平两位党员参加新四军。校长陆范久极力规劝莫林"应该在学校里深造，读书便是救国"，并让几个老师守住学校大门，不许莫林等人离校。夜里，金礼章想出办法，他见守着后门的老师在下棋，便借口请教问题做掩护，让莫林带着同学趁机溜出去。在金礼章、顾斌等校内同学帮助下，她越过重重封锁，过马塘、远赴海安，将名字"姚世瑞"改为"莫林"。

1940 年 11 月至 1941 年 11 月，莫林被派往江苏省如皋县掘南区担任区宣传委员，负责五个乡的民运工作，组织当地农民开展减租减息运动。其间，日军不时来如皋城内"扫荡"，有些人感到恐慌，叛变行为偶有发生。在此情况下，莫林对群众悉心劝慰，挨家挨户做思想工作。经历敌人多次"扫荡"后，莫林总结出一条经验：日伪大炮轰炸时，百姓不能朝一个方向跑，容易被敌人抓去，而要抄小路绕到敌人后方去打游击，跟敌人玩"捉迷藏"，才能迷惑敌人。

敌人的频繁"扫荡"，导致新四军部队的伤亡，许多牺牲的战士只能就地掩埋。20 岁的侦察员小范就是其中之一，他牺牲时仅有一座土坟，是莫林亲手堆起，这是她第一次掩埋战友的遗体……农民领袖高凤庆和区教导员高扬，是莫林在掘南区组织民运时印象最深的两名战友，她们虽是女性，却又有巾帼不让须眉的气概。每次敌人来"扫荡"，她们毫不犹豫冲锋在前，是当地威望极高的群众干部。

1941年底，莫林在反"扫荡"中又一次面临生死考验。当时莫林所在的部队正准备转移宿营地，不承想，遭到古坝镇下乡的伪军偷袭，双方发生激战。为避免党内文件受损，莫林和战士小张、区教导员陈仲贤决心冲破敌人的包围圈，抄小道把文件护送出去。但是，敌我力量过于悬殊，莫林在跨越小河、利用抽桥板逃离时，不幸被敌人抓捕。敌人对她拳打脚踢，见她嘴巴严，什么都不肯说，又把她带到军营，就地审讯。面对严刑逼供，莫林坚强不屈、大义凛然，破口大骂对方"卖国贼"。伪军营长见莫林态度强硬，把她带到挖好的深坑边，威胁要活埋她，莫林吟咏烈士夏明翰的《就义诗》："活埋不要紧，主义固长存，埋了姚世瑞，相继有来人。"伪军实在没办法，再次将她押入大牢。

后来，邱中校友顾斌、莫林的弟弟姚世群、苏中行政公署保安处缪正林等人，通过多种途径对莫林展开营救。莫林跟随父母、亲友和乡邻走出了牢房。几天后，她在家中度过了多年军旅生涯中第一个真正意义上的"春节"。1942年，党组织鉴于莫林的出色表现，将她提拔为丰西区区委副书记，接替顾斌的工作。

莫林在江阴与战友合影（前排中为莫林）（摄于 1946 年）

在此后的抗日斗争中，她被当地群众尊称为"莫政委"。她一手拿枪，一手拿笔与日伪军展开反"扫荡"、反"清乡"的生死搏斗。她以"几经摇落香如故"的飒爽英姿，奋战在抗日战场的第一线，在每个岗位上敬业、乐群、努力向前。她与工农兵和知识分子打成一片，赤双脚下秧田、看机器、进学校、访贫问苦，时时刻刻为群众服务。她仗义执言，奋不顾身，又被当地村民拍手称为"双枪老太婆"。

诗伴人生花锦簇，冰清玉洁留风骨

莫林除了是一名优秀的革命战士，还是颇有造诣的文学爱好者。无论在战火纷飞的抗战年代，还是在领导上海郊区农民进行热火朝天的社会主义建设时期，她一直与诗文相伴，把工作实践、生活感悟升华为诗文。这些文学作品见证了她的人生。

莫林自少年时起，就偏爱《木兰辞》等一类古典诗词。20世纪30年代，莫林开始阅读丁玲、闻一多、郭沫若等人的文章。这些作家笔下的人物大多是一些无私无畏、具有浓烈爱国主义情怀的革命英雄。在革命英雄的感召下，莫林毅然投笔从戎，参加新四军。即使军中事务繁多，时刻有性命之虞，莫林也未曾放弃她对文学的热爱，常常利用闲暇时间来读书，甚至在枪林弹雨中写下了百余篇日记、小诗。

1942年的延安文艺座谈会上有阳春白雪和下里巴人之争。经历过战争风雨的洗礼，莫林的创作则更加关注工农群众。因此，莫林这一时期所写的诗歌富有浓郁的烟火味。很可惜，她在战地所写的诗歌大多未能保留下来。2004年，莫林用诗作《一盏灯》概括她奋斗、奉献、富有诗意的一生。

一盏灯

青春时，有一盏灯，
我把人生交付，
给了祖国
——祖国神圣。

我丢掉娇弱，

背上艰辛。

在风雨中前进，

追索万物的苏醒。

——祖国新生。

老了时，有一盏灯，

我把余生交付，

给了理想王国

——不朽星群。

我丢掉失落，

背上书琴。

在诗的林海中追索、探寻。

诗海无垠，

海底有神韵，

海上作豪吟。

那诗声和谐永恒。

莫林（摄于 2015 年抗战胜利 70 周年）

才女莫林历经百年风雨，她参加过新四军，打过日寇，被伪军逮捕过，经历生死考验……她始终未曾忘记共产党人的初心和使命，未因遭遇挫折而放弃信仰，成为兼具革命家和文学家两种气质的革命者。

作为新时代的青年党员，我们应以莫老为榜样，秉承革命理想高于天的信念，艰苦奋斗，不屈不挠，以人民之忧为己忧，以人民之乐为己乐，舍小家为大家，为早日实现中华民族伟大复兴的中国梦发光发热！

廖　钰　上海交通大学 2018 级硕士

彭冠锦　上海交通大学 2019 级硕士

资料来源：

1. 2019 年 3 月，廖钰多次采访莫林的记录；2020 年，张玲、廖钰、彭冠锦多次采访莫林女儿夏克危女士的记录。

2. 上海交通大学农业与生物学院提供莫林著作：《风雨潇潇》《小路集》《忆光华》《还我梅魂》《韵海轻舟》《青山有路》等。

黎 鲁
画笔为伴　可战可颂

黎鲁（摄于 1946 年）

黎鲁（1921 年出生），男，广东番禺人；1938 年参加中共上海地下党组织；1942 年参加新四军，在第二师六旅路西联中任教员和宣传科《战斗报》编辑，从事美术创作和宣传工作；1946 年北撤到山东，任华东军政大学校刊编辑；曾创作《欢迎五旅南下》《人在阵地在》《愤怒》等著名画作；后转业到上海人民出版社，1984 年在新美术出版社副社长岗位离休。离休后，黎鲁开启骑游中国之旅，在所到之处留下游记、水彩写生无数，记录下祖国的大好山河。在百岁老战士联名给习近平总书记写的信中，他是十名签名代表之一。

上海开埠后，第一批来沪的外地移民中就有广东人。1843 年，上海设立通商口岸，此后一大批有专业技能的广东人随之来沪谋生，黎鲁父亲是其中一员。黎鲁出生于广东番禺，因父亲在上海海关任职，其中学和大学时代都是在上海度过的，黎鲁的一生与画笔为伴，由一个柔弱书生逐步成长为革命艺术家。

参加"学协" 想去延安

黎鲁家境殷实，17 岁以前，他在上海市私立复旦大学附属中学（现复旦中学）、大夏大学读书，后到新华美专学习绘画。

1935 年，北京学生掀起了一二·九抗日救亡请愿运动，上海学生也积极响应，其中复旦大学学生一马当先。时任复旦大学校长李登辉是个有强烈爱国心的知识分子，校园内爱国气氛浓烈。一得到北京学生请愿运动的消息，复旦大学学生便立即组织队伍上街游行，声援北京学生的爱国行动，这场运动很快影响到整个上海学界。

黎鲁当时是一名学生，也是上海学生运动的组织者和参与者，他的进步行动很快引起中共地下党组织关注。一天，党组织派一位名叫王纪华的老师联系黎鲁，介绍他加入进步学生组织——学生协会（即"学协"）。"学协"是中共上海地下党的外围组织，其成员根据党的需要，随时等待分配工作。黎鲁加入"学协"后，与中共地下党组织的关系日趋密切。

1937年，黎鲁通过报纸消息得知红军已经到达延安，并建立了革命根据地。全民族抗战爆发后，大批城市青年视延安为革命圣地，不辞辛苦前往延安参加抗日。年仅16岁的黎鲁也产生了去延安参加共产党领导的抗日队伍、把日本鬼子赶出中国的愿望。于是，他向联系人王纪华老师汇报了想法。

王纪华称赞黎鲁是个有志的爱国青年，但他又语重心长地说："我们上海的学生运动是一场潜在的激烈战斗，你看身边的学生，正直、积极、进步的还不多，大多数还是抱着观望态度，如果进步学生都到延安去了，我们的学生工作谁来做呢？"他还调侃地对黎鲁说："你看你还是个小孩子，正在长身体，人像一根麻秆似的，体力也不行。一支三八大盖步枪加上刺刀有1.68米长，枪重7斤半，当兵打仗天天要扛着枪行军，你能走多远？我劝你还是安心在学校做好团结青年学生的工作，等你长大了，我一定送你到抗日的部队里去。"黎鲁服从了组织安排，继续留在上海做抗日工作。

一"笔"一"画"记录战争岁月

黎鲁家境良好，原本可以毕业后求职，过顺顺当当的人生。但黎鲁认识到，不改变积贫积弱、黑暗腐败的旧中国，大多数民众便不能过上幸福生活。1938年夏，黎鲁在上海加入中国共产党，从此走上了革命道路。

1940 年，黎鲁在上海做地下工作。隐蔽行动都是单线联系，稍有不慎即有杀身之祸，但也有一定的空余时间。黎鲁回忆道："我想'艺多不压身'，多一点本事，以便将来在革命需要的时候用得上。我利用闲暇时间多学一些技术，比如，汽车在当时是'热门货'，我很快便学会了开汽车，随后学画画。"

　　1942 年 6 月，抗日战争处于相持阶段，上级党组织批准黎鲁奔赴新四军淮南抗日根据地。黎鲁原本想参加新四军去扛枪打仗，投笔从戎，未曾想他到了根据地后从事的却是文化工作。黎鲁曾给原盱眙县县长童汉章绘了一幅肖像，他对黎鲁说："画得蛮好。"后来，根据地成立淮南艺术专科学校，组织上把黎鲁分配到此校当教员。"有心栽花花不成，无心插柳柳成荫"，黎鲁从学画画变成了教画画。黎鲁心里却很着急：自己还没学好，怎能去教别人？

　　教书没多久，黎鲁又被分配负责编辑《战斗报》，他编排文章时，想方设法美化报头，以增加吸引力。由于条件所限，无法用相机拍照，黎鲁扬长避短，用自己擅长的绘画和木刻做报头。从此，绘画笔和刻刀就成了黎鲁的战斗工具，其作品结合党的宣传需要与时俱进。

　　作为一名从事革命活动的战士，黎鲁不断学习。在党组织安排下，他考上了新华艺专，学习西洋画。一年学习期满，黎鲁的绘画技艺有了很大提高，同时被吸收为新四军战士。在战火纷飞的年代，没有齐全的绘画工具，一块木板、一把刻刀就成了创作的所有装备。他在战争中创

黎
鲁
画笔为伴
可战可颂

095

《人在阵地在》（作于 1944 年）

作的作品，都来自他在战场记录下的情景。例如，创作于
1944 年的作品《人在阵地在》，形象地反映了新四军战士
英勇抗敌的决心和铁的纪律；作品《愤怒》反映了解放战

《愤怒》（作于 1940 年）

争中，美制蒋机向宁静的农村轮番扫射的场景，揭露了国民党军队进攻苏北及淮南共产党领导的解放区的罪行。黎鲁用自己的画作记录下了抗战中中国共产党及其领导的军民所经历的艰苦岁月和不懈斗争。

描绘美好河山

1984年11月，在黎鲁离休的第二天，他便骑着20世纪50年代"永久牌"自行车，开始了骑游中国之旅。其间途经20个省区市的450个县，前后12次。长途跋涉中，为了精简行囊，他便将硬笔、颜料、调色盒、水瓶、画板、画纸都放在小包里，挂在车把前头，以备随时停下作画，黎鲁在所到之处留下了游记、水彩写生无数，记录了祖国河山的美好景色。

黎鲁曾动情地回忆道："仰天观地，大自然在给你无穷乐趣的同时，也给你甘与苦，享受这甘苦，此乃我最大的乐趣！骑游是我的夙愿，也是一种快慰。人文景观、自然景观不仅收在我的眼底，印在我的脑海，也亲切地融入了我的画笔中。生机盎然，这在画室里是无法获得的。"

除了记录祖国大好河山，上海城市的快速变化也引起黎鲁的兴趣。一本《自行车速写上海》讲述了这位新四军战士20世纪末骑游上海的故事。从这些写生作品中，我们能看出上海日新月异的发展。创作于1980年的《延安西路古北路口的水潭》，画面色彩沉静，浓密的绿荫、开

《自行车速写上海》

阔的潭水，给人以"天光云影共徘徊"的联想，而谁又能将此与今日已是高档住宅林立、车水马龙的古北地区联系起来？黎鲁笔下一个个街角、一条条河道、一片片草木，已变成城市人日常生活中的地标。这些作品饱含着黎鲁对生活的热爱，对这个城市的热爱。

在抗日战争时期，黎鲁用画笔和刻刀记录了中国共产党领导下抗日军民英勇抗敌的场景，展示了中国共产党是抗日的中流砥柱、"铁军"的责任担当，也记载这个国家、上海这座城市的变化发展，为后人留下了厚重的艺术财富。作为新时代大学生，我们要认真学习党史、提升艺术修养和人文素养，铭记历史，主动承担民族复兴之责！

王　扬
王思淇　　上海交通大学 2020 级本科生

资料来源：

1. 2021 年，张玲等多次采访黎鲁女儿黎正霞女士的记录。

2. 黎鲁：《走出碎片化》，上海三联书店 2019 年版。

熊士成
初心不改跟党走　革命建设两相宜

熊士成（1921—2021），男，江苏淮阴人，读过五年私塾；1940年进入新四军第三师淮海军政干部学校学习；1942年2月加入中国共产党；同年5月，任泗沭县东徐乡乡长、党支部书记，负责征兵工作；1955年任上海新建造船厂厂长、党总支

熊士成与夫人（摄于1949年）

书记，带领全厂职工成功制造出我国第一艘自行设计的驳船；1981年从上海太平洋被单厂副厂长岗位离休。他是给习近平总书记写信的46位百岁老战士之一。

　　他出身普通农民家庭，经受过地主恶霸的欺凌；他毅然投身革命事业，在枪林弹雨前视死如归。新中国成立

后，他带领造船厂工人克服种种困难，成功制造出我国第一艘自行设计的驳船，在工业战线上为祖国建设做出贡献。他是熊士成，历经沧桑而锐气不减，千锤百炼而斗志弥坚，始终保持为党、为人民奉献的热忱之心，为新中国的建立和发展奋斗不止。

"只有投奔新四军，穷人才能翻身得解放"

1937 年底，日军入侵中国江南，国民党江苏省政府迁避于淮阴县。省政府虽设在淮阴，但在黑暗的旧中国，社会上弱肉强食、不公之事时有发生。

熊士成回忆道："我家是深受大姓地主恶霸欺凌的典型代表。熊家在当地是孤门小姓，我年少时，熊家常常受欺压，父母小心翼翼、担惊受怕地过日子。"这段经历在熊士成幼小的心里埋下了革命的种子。

1938 年初，日寇对淮阴城发起进攻。熊士成回忆："国民党抗敌无力，节节败退，省政府不断搬迁，无暇顾及百姓的生死。国民党培植当地的大姓人家（即人数众多的同姓家族）做保长，保长逼迫势单力薄的农民多交粮食，后来又逼我家交百余斤粮食。我家因为困难拿不出，保长即于 1939 年冬天派顽匪县大队到我家抓人，当时我不在家，他便将我母亲抓去，边走边打……"这件事对熊士成的刺激很大。

当时，苦难的淮阴民众经常遭受日寇的残酷"扫荡"和凌辱。日寇烧杀抢掠，奸淫妇女，无恶不作；日寇还在淮阴城东门设置关卡，凡入城的中国人，无论男女，均要搜身才能过关。熊士成说："我家西边约一二公里远有个叫三孔桥的地方，日伪军在此修筑了炮楼等军事设施，附近树木全被砍光，树枝被运去烧火，日伪军的吃、住大多靠搜刮百姓家所得。记得当时常有三五成群的伪军扛着上好子弹的枪到房前屋后搜刮，然后身背食物、手拉猪羊返回据点……"日寇的"扫荡"，汉奸走狗的横行，腐败无能的国民党以及沉重的捐税，使得淮阴百姓生活在水深火热之中……

1940 年，中国共产党在淮阴成立抗日民主政府，这让历尽苦难的熊士成看到了希望。他心想："只有投奔共产党领导的新四军，穷人才能翻身得解放！"

动员群众参军，传播抗战火种

1940 年，经泗沭县委介绍，19 岁的熊士成离开家乡淮阴，前往沭阳县前集乡，参加中国共产党创办的淮海军政干部学校学习，成为一名新四军战士，开始走上革命道路。加入新四军后，熊士成深受铁军精神的感染，认识到共产党领导的新四军是为百姓谋福利、救中华民族于苦难的一支军队，他也从一名农民逐步完成了向一名铁军战士的转变。

1941—1943 年，是抗战最艰苦的岁月，根据地平均每半个月便遭到日伪军的"扫荡"，几乎天天打仗。熊士成参加过许多战斗，打日寇、拔据点，除汉奸，破袭敌伪交通线，发动群众减租减息，经历血与火的考验。他坚定地说："我是作好牺牲准备的。因为家庭的遭遇和受敌伪欺压，与其活着受罪，跟着新四军、游击队干还有条出路……"坚定的革命意志和勇敢的作战风格，使熊士成很快通过了党组织考验，1942年2月，熊士成加入中国共产党；同年5月，他转至地方担任江苏泗沭东徐乡乡长、党支部书记兼泗沭县六区干部连连长。

入党后，熊士成更加努力地完成党组织交付的每项任务。1943年冬，熊士成接受扩军的任务后，便积极投入到动员民众参军工作中。在县征兵动员大会上，他和实验乡乡长、党支部书记聂大朋，相继上台发言表态，坚决完成任务，两人拉钩竞赛。然而，在实际工作中却面临重重困难。由于日伪军的疯狂"扫荡"，当地百姓在参加新四军时顾虑重重。据熊士成回忆："记得当时在游击队的队伍中，时常会出现开小差跑路的情况……"参军动员成为一项艰巨的任务。

熊士成坚信，只要做好细致的动员和宣传工作，就能说服民众相信共产党领导的新四军是人民的军队。因此，他深入到每村每户了解情况，通过聊天谈心的方式讲解党的政策，帮助群众树立抗战必胜的信心。此外，熊士成认真执行党的减租减息政策，让群众实实在在得到好处，能够因此改善生活的境遇。在此基础上，他启发群众参军报国，动员自己的二弟和表弟带头报名参军，以实际行动响应党的号召，并起示范作用。

经过基层党员的不懈努力，淮阴共动员一千余人参加新四军，为抗日战争贡献了整整十个连！其中，熊士成具体负责的东徐乡有近百人参军。1944年初，熊士成被泗沭县授予"参军英雄"的光荣称号。

"一定要克服困难，早日造出我们的船！"

新中国成立后，中国要快速实现工业化，然而当时国内工业基础"一穷二白"。要建设社会主义新中国，发展我国航运事业，必然要先能造出自己的船。熊士成当时任新建船舶厂（新建造船厂和鸿昌船厂、宏泰船厂合并组建）厂长兼党总支书记。经过细致的研究和动员，全厂的工人师傅和管理人员达成共识："祖国的需要就是我们的目标，一定要克服困难，早日造出我们的船！"

在熊士成带领下，管理人员、技术人员和一线工人昼夜加班，钻研技术。在机器设备简陋、制造

报刊相关报道

经验不足的情况下，全厂上下通过一致努力，克服了难以想象的重重困难，于 1955 年 10 月，成功设计制造了我国第一艘载重量为 550 吨的驳船，并使其顺利下水。之后的几年中，在熊士成带领下，新建造船厂乘势而上，陆续建造同样规模大小的驳船 10 艘，为我国航运事业和造船事业做出了卓越贡献。

1958 年 5 月，熊士成接到了全力支援全国农业生产的任务。全厂几千名干部、工人日夜奋战，刮风下雨照样干（当年露天作业，后来搭建芦席棚为车间），苦干、巧干、拼命干，终于在 1958 年 9 月和 1959 年 5 月赶制并及时交付了 17 套冶炼设备和 13 套氮肥设备，随后发往全国各地。这一壮举是全厂干部职工和熊士成长期以来引以为豪的成绩和贡献，也是熊士成在社会主义工业化建设中，把"克服困难、一往无前"铁军精神进一步发扬光大的实践成果。

年轻时，面对日寇侵略，家国破碎，熊士成毅然地选择了投奔共产党领导的新四军，在枪林弹雨中勇往直前，视死如归。新中国成立后，在国内工业一穷二白的状况下，他带领造船厂工人克服技术不够、设备简陋、经验不足等重重困难，成功制造出我国第一艘自行设计制造的驳船。

熊士成的人生几经坎坷波折，但始终坚持不忘初心跟党走，矢志不渝为人民的理念和宗旨。这样的精神品质值得我们学习。作为新时代青年，我们肩负着实现中华民族伟大复兴的历史重任，一定要把红色基因代代相传，努力奋斗，去创造更加美好的明天！

程　磊

李厚霖　　上海交通大学 2020 级本科生

资料来源：

1. 2021 年 3 月，张玲等多次访问熊士成长子熊新亚先生的记录。

2. 熊新亚及上海市新四军历史研究会三师分会秘书长顾宪，提供熊士成的自传、《百岁老战士熊士成同志的故事》等相关资料。

邓旭初
报国为民　敢为天下先

邓旭初在朝鲜战场（摄于1951年）

邓旭初（1921—2012），男，广东开平人，出生于广州。1938年徒步奔赴延安，在陕北公学学习期间加入中国共产党，毕业后加入新四军，在军部工作。"皖南事变"后，他历经苦难，重回党的怀抱，参加了抗日战争、解放战争。1950年参加抗美援朝战争，任中国人民志愿军第九兵团汽车八团团长兼政委，从事高等教育管理工作长达三十三年之久。1977—1986年任上海交通大学党委书记，率先实施高等学校管理体制改革，被誉为"高等教育改革开拓者"。

智勇双全，临危不惧，他尽显英雄本色；赤胆忠心，功勋卓著，他继承新四军铁军风骨。在民族危难之际，他从南方繁华的大都市徒步奔赴革命圣地，从陕北延安到安徽泾县，从华中抗日根据地到抗美援朝战场。他就是邓旭初，志当存高远，敢为天下先。

人生的起步与转折

邓旭初出生于一个充满民族意识的华侨家庭。父亲早年赴美，曾积极参与并资助孙中山先生进行革命。受父亲影响，他对民族前途及国家命运非常关心。

邓旭初回忆，他最早接触共产党开始于 1927 年广州起义期间："曾有一个挂红布条的青年，背着枪到我家里，对母亲宣传共产党消灭剥削、人人平等的思想。"他年幼不懂这些，后来家境逐渐贫困，母亲经常提及这件事。"这对我后来比较容易接近革命思想，确实是种下了一颗很好的种子。"

1933 年，邓旭初进入广东国民大学附中读初一。其间爆发了一二·九学生运动，该校及其附中学生参加游行示威，邓旭初逐步了解国民党统治的黑暗。1936 年夏，邓旭初升入广东国民大学附中读高一，他遇到革命领路人。"（我）认识了该校初中历史教员李锦波（后化名李木子），他是我真正启蒙者。和他接近中，（我）得到了阅读鲁迅和其他进步刊物的指导，初步知道了社会发展的客观规律——走向共产主义。"

1937年七七事变后，学校迁往开平白沙墟（因国民大学是开平华侨创办）。目睹日寇侵犯我国领土，以及国民党片面抗战路线导致大片国土沦陷，邓旭初义愤填膺。当时学校很少正式上课。他回忆道："李锦波组织我们部分同学常外出向农民进行抗日宣传等救亡活动。这段时间对我的教育是很大的，让我知道了十年内战的大略情况，知道国民党对内反共，对外妥协，知道共产党主张团结抗日，也知道要建立统一战线和组织群众。"彼时的中国共产党领导的八路军和新四军深入敌后，开展游击战争，抗击日军，延安也成为青年学生向往的革命圣地。

由于交不起学费和伙食费，邓旭初于1937年11月被迫停学，回乡任教员。他与李锦波仍保持密切联系，李锦波见邓旭初打心底里拥护共产党，认定共产党能挽救民族于苦难之中。于是，李锦波介绍邓旭初前往陕北公学学习。

1938年5月，邓旭初辞别父母，怀着一腔报国热血奔向陕北。邓旭初他们从广州乘火车出发到武汉，找到武汉八路军办事处，询问前往陕北的路线。当时国民党滥炸黄河堤，给河南一带造成空前水灾，铁路不能全线通车。邓旭初他们只好依照分省地图上所示路线，沿公路步行前进：先从武汉乘火车至信阳，再从信阳步行前往桐柏、唐河、南阳、内乡、富水、蓝田，抵西安，途中约20日。途中阴雨连绵、道路泥泞，山洪汹涌，土匪四伏，他们多次遭遇生命危险而幸免。"

邓旭初一路千里迢迢，受尽种种磨难，最终成功进入陕北公学分校学习。当时，陕北公学的党组织处于半秘密状态，党员身份和党组织并不公开，邓旭初一心向党、千里奔赴延安的举动使其通过了党组织的考验。

1938 年冬天的一个晚上，在陕北公学的窑洞里，邓旭初迎来了他终生难忘的入党仪式。党组织的负责人简明扼要地说明了共产党员必须遵守的纪律，并带领邓旭初进行入党宣誓。当念到为共产主义事业奋斗终生的时候，邓旭初热泪夺眶而出，当时他心中想的只有一句话——"怕死就不革命。"这句话贯穿了邓旭初的一生。入党后，邓旭初很快加入新四军，成为抗日战场上的一名战士，之后在皖南新四军军部任文化教员、青年干事。

经历"皖南事变"，带领战友逃脱魔穴

1941 年，国民党消极抗日、积极反共，发动了震惊中外的"皖南事变"。邓旭初是"皖南事变"的亲历者和参与者。1941 年 1 月 6 日晚，冬雨淋漓，伸手不见五指，战士们在雨中行军，个个一身烂泥，既疲劳又寒冷。黎明之际，刚渡过青弋江的新四军官兵便被事先埋伏的国民党顽军层层包围。敌军像潮水一般掩杀过来。尽管寡不敌众，新四军勇士们奋起突围。由于双方兵力过分悬殊，包围圈纵深达 30 里，加之当地多山林密，新四军英勇奋战，消耗极大。

战斗到第三天，邓旭初的右脚关节处不幸被炮弹炸

伤，血肉模糊。但邓旭初不顾伤痛，冲在连队最前面，他心中只有一个念头：打退敌人，突出重围，继续抗日！战至第五天，邓旭初他们一共只吃两餐饭，更多时候是嚼点生米充饥。许多战士打光了子弹，却仍背着空枪——这是抗日的本钱！命能丢，枪绝对不能丢！

此时，上级传来分散隐蔽的指示，邓旭初被搜山的敌人发觉，被枪托打昏，不幸被捕。他被押到了144师"伤兵医院"，"实际上，这里是关押新四军负伤干部和战士的集中营，一共关押着300名革命者，设在茂林的潘家大祠堂里。所谓医院，并无医生和药品，仅有一些红药水和漂水，每天仅提供两顿稀粥，新四军官兵饥寒交迫，每天有三四个甚至七八个战友被折磨致死。"

被俘之后，邓旭初和新四军战友五人成立了临时党支部，开始了新的特殊战斗，他们稳定被捕新四军官兵的情绪，鼓舞战友，帮助他们坚定信心。"蒋介石背信弃义，必会遭到全国和全世界正义力量的谴责，真理在我们这边，决不能动摇革命必胜的信心！"

做好官兵思想工作后，邓旭初和临时党支部将目标转向敌军。他们首先向看护士兵揭露国民党发动"皖南事变"的真相，争取他们的同情。然后带领官兵进行绝食斗争以改善伙食，组织越狱行动。最后，邓旭初挖开墙洞，带着三位难友逃脱魔穴，一路讨饭，行千里路寻找党组织，历经了重重艰险、坎坷和磨难，1942年终于找到部队，重返抗日前线。

"皖南事变"是邓旭初经历的第一场人生考验。他在战斗中负伤却冲在最前方，被捕后仍用信念鼓舞战友，用机智的头脑和灵活的策略争取杂牌军官兵的信任，帮助伤兵们成功逃出。经此考验，邓旭初从一位爱国青年锤炼成长为一位坚强的革命者。

抗美援朝，打造钢铁运输线

新中国刚刚成立，1950 年 6 月朝鲜战争便爆发了，美军将战火烧到了鸭绿江畔。为了保家卫国，1950 年 11 月，邓旭初随中国人民志愿军第九兵团参加抗美援朝战争。志愿军部队刚进入朝鲜时，物资严重缺乏，特别是第九兵团。由于从南方紧急调来朝鲜，不少战士在气温零下三四十摄氏度仍穿着单衣单鞋，后勤保障不足，造成了巨大的伤亡。长津湖战役刚结束，第九兵团取得了首次歼灭美军整个建制团的战绩，但冬服、粮食及药品补给不足限制了战果的扩大。因此，组建汽车运输部队非常必要。周恩来总理指示："千条万条，运输第一条"，要建设"打不烂、炸不断的钢铁运输线"。

起初，志愿军没有制空权，以美国为首的联合国军使出很多手段打击我军的运输线，控制封锁、甚至炸瘫铁路，极大地损害了我军的运输能力。在如此严峻形势下，邓旭初临危受命，1950 年 12 月赶赴辽宁丹东，承担起组建第九兵团直属汽车团的重任，同时保证东线部队供应的运输任务。这一任务异常艰巨，尤其是团长牺牲后，政委邓旭初兼任团长，担子更重了。

邓旭初带领汽车团官兵总结对付敌人的经验。短短几个月，全团上下便掌握了一整套对付敌人的方法，例如：加强与当地政府和朝鲜人民军的联系，在公路沿线布下防空哨，一有敌机马上射击；抓捕敌人的暗探，截断美军信息来源；发动群众扫除美军撒下的铁蒺藜（铁质尖刺的障碍物）；对蝴蝶雷（由飞机大面积布撒的微型杀伤地雷），用步枪一个个射击打爆炸等。就是这支英雄部队，创造了战士用一支 M1903 美制步枪和五发子弹，在夜间打下了美国轰炸机的奇迹。

敌人发现我军靠着一个方向盘和几个车轮，居然能冲破重重难关，保证几百公里运输线的畅通，不禁瞠目结舌。美军司令战后只好叹气："我们用尽了一切力量，企图阻断共产党的供应，然而共产党仍然以难以置信的毅力，顽强地把物资运到了前线，创造了惊人的奇迹。"志愿军官兵纷纷称赞邓旭初负责的这条东线运输线是"打不烂的钢铁运输线"。

邓旭初入朝作战不久，消化系统便染上了疾病，但他一直坚守战斗岗位。直到 1952 年 6 月 1 日，他的病情愈发加重，经组织决定回国治疗。这段战斗生活虽然结束，但这条钢铁运输线对前线的补给及战争的最后胜利始终发挥着重要作用。邓旭初荣获上级的嘉奖，并被朝鲜授予了勋章。

正因为有如邓旭初一样的志愿军战士的英勇战斗，新中国才取得了抗美援朝战争的伟大胜利，新生的共和国稳定住了周边局势，奠定了大国地位。

邓旭初（约摄于 1982 年）

在改革开放的春天里，邓旭初管理上海交通大学，带领师生锐意改革，重铸辉煌，率先试行高校管理改革，破冰中国高校的国际交流之旅，开国内高校引进外资的先河，一系列改革措施推动了中国高等教育改革。

邓旭初同志的人生展示了"一切以国家为重的精神"。在民族危亡时刻，在国家处于历史转折时期，他总是挺身而出，义无反顾，始终保持了共产党员的初心。他的革命经历反映了一个知识青年在时代与历史的大潮中追求光明和真理的光辉历程。在战争年代，邓旭初面临着种种考验，但每一次他都能勇敢面对，迎难而上，顽强拼搏，战胜困难。

邓旭初同志的成长经历启示我们：只有把个人的抱负和祖国的命运结合起来，把个人的成长与民族的振兴结合起来，把个人的追求与人民群众的创造历史活动结合起来，才能实现人生价值。

高梓傲　上海交通大学 2020 级本科生

王　政

资料来源：

1. 上海交通大学文博馆藏邓旭初档案《自传》，2021 年 4 月 8 日摘录。

2. 2021 年 2 月，张玲等多次采访邓旭初女儿邓小琪女士的记录。

3. 邓女士提供《纪念邓旭初百年诞辰座谈会上发言》，及《敢为天下先　邓旭初传》等资料。

肖 木
为党的新闻事业呕心沥血

肖木（1921—2022），男，浙江三门人；1939 年加入中国共产党；1941 年加入新四军第一师，在《苏中报》担任校对；1945 年至 1949 年相继在苏中抗日根据地出版社第三印刷厂、淮阴《新华日报》、山东《大众日报》，担任印刷管理工作；上海解放后，参与接管《申报》，见证上海

肖木与夫人（摄于 1949 年）

《解放日报》诞生；后任《解放日报》《劳动报》《青年报》联合党支部书记；1985 年从《解放日报》党委办公室副主任岗位上离休。他是给习近平总书记写信的 46 位百岁老战士之一。

我和党九七同行

肖　木

睁开眼睛三座山，

烽火漫漫奔向前。

九七同龄同相庆，

眉开眼笑百花繁。

披荆斩棘当机断，

勇往直前艳阳天。

大浪淘沙真金现，

潮消潮涨水云宽。

这首诗的字里行间，处处流露出对党的深情。肖木老先生与党同岁，为党的新闻事业发展奋斗，是他矢志不渝的信念。战争年代，他迎着炮火，用生命传递消息；建设时期，他昼夜工作，见证上海《解放日报》的成长。《苏中报》《新华日报》《大众日报》《解放日报》都凝聚着他的心血，他用实际行动书写铁军的使命担当。

抗日救亡运动中与宣传工作结缘

肖木原名邵全墨，出身于浙江三门的一个贫苦农家，小学就读于亭山小学。许多进步教师和地下党员曾在亭山小学任教，在少年肖木的内心种下了向往光明、追求进步的种子。1937年进入全民族抗战阶段，肖木转至天台育青中学就读，与在天台大公中学读书的共产党员王乘钧（王家扬）、俞圣祺时有来往。1938年下半年，两人赴皖南新四军军部工作，而肖木参加了中共外围组织"民族解放先锋队"。

1939年初，肖木转至上海侨光中学海游分校读书。同年三四月，中共天（台）宁（海）中心县委组织部部长张子敬来到该校，开展抗日救亡活动。肖木积极参与，担任宣传工作，宣传"抗战救国"思想和中国共产党的抗日主张。经过考察和考验，由张子敬介绍肖木加入中国共产党。

入党后的肖木积极开展抗日活动，时任侨光中学教务主任的潘以治宣称"读书即救国"，反对学生搞抗日宣传活动，还想将学校迁出海游，夺取学校的领导权。肖木利用他在海游熟人多的有利条件，领导全校罢课斗争，反对迁校。尽管潘以治找人来校训话："如果再闹事就送你们到前线去！"肖木等人仍不为所动，最终取得了"反迁校"斗争的胜利。

1939年暑期，中共天宁中心县委派王家扬、肖木等人到海游建立党支部，肖木任宣传委员。他们以学校为阵地，成立"海游暑期服务团"，在老祠堂办夜校，教唱抗日歌曲，在墙上画抗日漫画，办图书馆，组织"读书会"讨论时事，并成立演出队，自编自导自演节目，宣传抗日救国，发展了一批党员。1940年肖木考入上海美术专科学校，继续从事党的抗日救亡宣传活动，用文艺和办墙报等形式宣传抗日。肖木从中得到锻炼，为他以后从事党的新闻宣传工作打下了基础。

在炮火中穿梭，"提着脑袋办报"

1941 年太平洋战争爆发后，上海沦为"孤岛"。肖木等人启程前往南通，被分配至新四军第一师，负责《苏中报》的校对工作。正值抗日战争最困难、最艰苦时期，他所在的印刷厂设在江苏省东台县的黄海边荒草滩的盐灶里，周围荒草丛生，非常荒凉，当地人称之为"一瞟六十里"。这里人迹罕至，相对比较安全，但是距离位于如皋县的《苏中报》编辑部较远，大约六七里路程。因此，他们不得不穿过敌人的封锁线送样报。如果要想将样报安全送达，只能挑选夜晚，在敌人封锁检查薄弱的时候。工作在偏僻的印刷厂可谓孤军奋斗，他们既没有群众基础又没有军队保护，手中仅有几颗手榴弹用于防御。

在敌伪"扫荡"时期，夜晚送报也不能保证安全。一天夜里，突然的狗叫声将肖木惊醒，他和印刷厂的其他同志踮起脚，凑到盐灶窗台上察看动静。瞬间，肖木的呼吸变得急促起来，窗外日伪队伍正自东向西，距他们约一里远的地方通过，一个个人影清晰可见。不知过了多久，人影逐渐融入了黑暗，脚步声也变得稀疏起来，直至消失。肖木和其他同志才松了一口气，总算有惊无险。这样的夜晚，几乎是肖木办报经历的日常状态。

1942 年和 1943 年，敌人的"扫荡"愈演愈烈，敌伪大搞"清乡"运动，实行"篦子式扫荡"，妄图一举消灭新四军。肖木回忆道："我们那时是'提着脑袋办报'，敌人一旦来袭，我们就要立刻转移。"敌人三番五次"扫荡"，每一次都是一段惊心动魄的遭遇，稍有不慎，便会丧命。

要想化解敌人的"扫荡"，必须及时掌握情报，印刷厂总结出三大法宝：一是靠设于城中的编辑部送"情报"；二是靠当地居民送"情报"；三是派员出去打听"情报"。依靠这三种途径，新四军几乎每次都能得知敌伪离开据点的消息。获得情报后，印刷厂职工便撤离，分散到老百姓家里隐蔽。而印刷机器和铅字等不易搬走的设备，工厂工人也想尽办法：能拆的诸如印刷机器，把零件丢到水塘里，待敌人"扫荡"结束再捞上来；不能浸水的，像铅字，就装箱深埋入地，上筑坟堆，竖以白幡，待"扫荡"结束再挖出。即便这样详密的部署，也不能确保每次都万无一失。肖木的战友张阿云在反"扫荡"过程中为了保护其他同志，只身吸引敌人注意，不幸被俘。经过一夜的毒打和折磨，张阿云宁死不屈，第二天被敌人残忍杀害，年仅 25 岁。

靠着这种"土办法"和顽强的意志，肖木和战友一次次与敌人周旋。在老百姓的支持下，中国共产党及其领导的人民军队，打败了日本帝国主义和国民党反动派，迎来了新中国的黎明。

亲历上海《解放日报》诞生

1949年3月，28岁的肖木在山东《大众日报》工作。山东抽调南下干部接管上海，肖木夫妇以及另外三名记者被派往上海接管报社，临行前到济南向恽逸群队长报到。肖木夫人是上海人，肖木又在上海读过书，另外三位同志也在上海工作过。他们的任务是"打前站"，为后行人探路。

五人于出发当天下午赶到济南，晚上连夜赶路，先到徐州坐火车走陇海线，在邳县下车后步行，过宿迁至淮安，一路马不停蹄。到了淮安，他们赶上了南下接管的大部队，虽然，每天要走六七十里路，但士气高昂，并不觉得累，一行人沿着运河走到扬州渡口。到了江边，虽然部队主力已渡江，但肖木等人接到命令，要求提高警惕，半夜12点上船，在江上不能喧哗，也不能有明火。从镇江上岸后，他们稍事休整又上火车，赶到丹阳，住在一个叫荆村桥的村里。

彼时，中共中央把《解放日报》迁往上海。《解放日报》编辑部的组织机构和人员名单及分工也公布出来，当时报社设立编辑部、采访部和社会服务部。肖木他们对中国最早的报纸《申报》做了详细调查研究，为接管做准备。在丹阳，肖木等人接受了详细的入城教育，连《解放日报》的发刊词《庆祝大上海的解放》都是在那里写好的。

肖木回忆道："解放上海的战役于 1949 年 5 月初开始，国民党军队迅速瓦解。5 月 26 日上午，我们接到进城的通知，先坐火车到南翔，上海派来的车子接我们进城。我们到达上海市区时，已是半夜，天还下着大雨，车子停在徐家汇的交通大学。交通大学给我留下了深刻印象，我们进校时身着军装，大学生争先恐后地从窗户往外看，眼露兴奋和新奇。我惊叹交通大学的良好办学条件，觉得在此校睡地板都是奢侈：地面这么光亮干净，这么好的地方！

"5 月 27 日一早，雨停了，天气晴好，我一觉醒来就能听到嘹亮的歌声和口号声，'空气都是热情的'。我作为上海文管会成员，开始参与接管各大报馆工作。接管《申报》非常热闹，恽逸群宣布了接管命令。老《申报》系统里有很多地下党员，编辑部和工厂里都有，党员和工人把机器保护得很好。当时，中国只有《申报》从美国进口了两部印刷机器，是全国印报速度最快的。接管前，有人几次想把机器搬走或卖掉，都被几位地下党员和进步青年拦下。之后，他们就日夜守在那里，等着人民解放军接管。解放军接管后，在《申报》原址上办《解放日报》。报头'解放日报'四个大字，是新闻大队途经苏州时，安排人预先制作，于 27 日下午送进了报馆。"

1949 年 5 月 27 日晚上，所有人激动得难以入睡。社长范长江和肖木他们一起跑到印刷车间，等着第一张《解放日报》诞生。28 日早晨，上海人发现报童手上有了"新鲜"报纸，赶紧买来看。那是上海的《解放日报》创刊号，它和上海一起，宣布了一个新时代的到来！

创刊夜的干劲，持续了好几个月。天黑时分，报社灯火通明，编辑部和排版房里，有穿军装的随军记者、军代表，也有穿西装、着长衫的编辑人员，各方面消息涌入报馆……凌晨时分，不少人还在工作，甚至忘了吃晚饭。报馆编辑人员夜以继日地编写报纸，累了就在报馆里躺一会；肖木他们通宵达旦地排字、校对，可谓呕心沥血，只是为了能让党的声音和政策通过文字早日传递到人民大众身边。肖木此后一直致力于党的报刊事业发展，至1985年离休。

肖木同志无论是在战争年代还是建设时期，都坚守共产党人的信念。哪怕炮火无情、枪弹无眼，他始终奔波在办报一线，与其他党报工作者一样，忠诚地完成党交付的办报任务。前辈奋斗的故事，是我们后辈学习和奋斗的动力源泉。我们要立足专业，寻找研究的兴趣点，为实现中华民族伟大复兴的中国梦做出贡献！

黄　维
李　元　　上海交通大学2020级本科生

资料来源：

2021年，张玲、张杨等采访肖木及其儿子邵星海先生的记录。

钟少白
千磨万击还坚韧

钟少白（1921—2023），女，浙江诸暨人。1938年2月参加抗日政工队培训班，7月加入中国共产党，任中共诸暨县牌头区委委员兼外城分区书记；1941年1月受组织委派到上虞县四明山区的岭南开辟工作，任当地党支部

钟少白与儿子合影（摄于1951年）

书记；1942年在浙东抗日根据地三北地区慈东区委任职；1945年编入新四军独立第一旅，先后任政治部组织干事、机关机要秘书、直属部队政治指导员；新中国成立后，在工业和科技领域的多个部门任职；1982年在上海激光技术研究所政治处副主任岗位上离休。她是给习近平总书记写信的46位百岁老战士之一。

钟少白，这位与中国共产党同龄的百岁老人，于2021年1月20日，与上海市新四军历史研究会46位百岁老战士一起，给习近平总书记写了封信，表达了弘扬革命传统，传承红色基因的心迹。习近平总书记回信后，她心潮澎湃，欣然作诗一首：

> 人民领袖为人民，
> 华夏小康全脱贫。
> 高举旗帜启新程，
> 伟大民族定复兴。

此诗既表达了钟老的激动和兴奋，更展示了老战士的欣慰和自豪。他们当初参加革命，就是为民族谋复兴、为人民谋幸福；历经百年后，他们的愿望终于在新时代接近目标！钟少白的一生，是革命的一生，是奋斗的一生，是奉献的一生！

年少多磨难，抗日意志坚

钟家在浙江省中北部的诸暨县，是当地望族，经数代兴旺，但到钟少白父亲这一代已开始没落。钟少白母亲是穷苦人家女儿，嫁入钟家做填房，生下她和弟弟；其父前房还生有六个儿女，因此，钟少白的童年并无多少欢乐和幸福。她5岁那年，父亲病故；母女在家里更无地位，遭受冷眼，生活拮据。失去父亲后，钟少白由族里出资勉强上了小学。小学毕业后，因母亲无力供养学费，便失去了继续上学的机会。

钟少白为了减轻母亲负担，13岁那年进了嘉兴的丝织厂做童工。当时，纺织行业的女童工命运极其悲惨。钟少白身材矮小，人够不着机台，每天要干十几个小时的活。繁重的体力活和贫困的生活，终于压垮了这个瘦弱的小姑娘。小少白得了"肝血病"，再也干不动织丝的重活，被狠心的资本家辞退了。

母亲为了维持家庭生计，免遭族人冷眼，将少白11岁的弟弟寄养在同父异母的姐姐家，名为当学徒，实则帮着带孩子，她自己则去杭州当佣人。孤苦的小少白为了养活自己，只好拖着幼小的病躯，到诸暨乡下的养蚕户去帮工，勉强糊口，日子苦不堪言。

屋漏偏逢连夜雨。这时，日本侵略军的铁蹄蹂躏了华夏大地，让当时的中国人民更加陷入水深火热之中。人民的苦难和祖国的危亡，使小少白的心中燃起了抗日救国的火焰。

中国共产党站到了团结民众共同抗日的最前沿。在中国共产党全面推动下，出身桂系的国民党浙江省主席黄绍竑，为安定人心，动员民众抗敌自卫，要求各县组建抗日政工队。浙江省中共党组织从抗战的统一战线大局出发，派遣了许多党员进入政工队。政工队中的共产党员成为团结广大抗日爱国青年的核心力量，政工队实际上成为共产党领导的群众工作队。

为了扩大抗日队伍，壮大革命力量，政工队开办培训班并招收学员。1938年2月，已有抗日救亡思想的钟少白在诸暨报考了政工队培训班。在20世纪30年代的中国乡村，受过教育的女性凤毛麟角，钟少白读过小学，顺利被录取。成为抗日政工队队员，让经受过苦难生活磨砺的钟少白感到获得了新生，她努力投入抗战民运工作。政工队的中共党组织注意到了这个坚韧和耐劳的女队员，把她作为重点培养对象。

1938年7月，钟少白由陈敏华等同志介绍，加入中国共产党。入党后不久，她即担任中共诸暨县牌头区委委员兼外城分区书记，成为诸暨在全民族抗战阶段早期入党并担任领导工作的少数女党员之一。那年，她只有17岁。

"诸暨女英雄"狱中斗顽敌

抗日战争初期，诸暨仍处于国民党统治之下，国民党顽固派一直敌视共产党，共产党员不能公开身份。钟少白对外身份是小学教师。她在校内外热情宣传抗日救亡，发动群众投入抗战，组织物资支援前线；她积极开展统一战线工作，广泛团结各界人士，努力完成上级下达的各项任务。

在残酷的斗争中，地下党员随时都有被敌人逮捕的可能。1941年10月，与钟少白同在小学任教的地下党组织负责敌伪工作的袁啸吟（改革开放后曾任浙江省外贸局局长）不幸被捕，但身份没有暴露。他写信给中共地下党组织，希望学校能出面保他。钟少白自告奋勇承担此项任务，带着学校开具的证明袁啸吟是本校教师的保函，只身前往看守所。她看到袁啸吟被吊在看守所柱子上，十分愤怒，勇敢地展开说理斗争，袁啸吟终被释放。

1942 年 7 月的一天，钟少白在开展抗日活动时，被国民党顽固派分子盯上，也被捕了。当时，敌人以为她是一个倾向共产党、参与抗日的热血青年教师，想逼问出她的真实身份，并通过她挖出共产党组织和党在当地的关系网。

敌人觉得一个小姑娘硬不到哪儿去，便软硬兼施。先用荣华富贵来引诱，但钟少白不吃这套，一口咬定自己只是一名普通的小学教师，一问三不知。敌人恼羞成怒，对她实施酷刑，上"老虎凳"。随着砖块一层层叠加，豆大的汗珠不断地从她额头流下，几次昏死过去，再被冷水泼，醒后继续审问，但她始终不松口。

接着，敌人连续几天断掉食物，用饥饿逼她就范，仍然无效。面对顽敌种种惨无人道的折磨，钟少白宁死不屈，始终没有暴露真实身份。

国民党顽固派把她投入监狱，关押两个多月。其间，同在监狱的朱之光（改革开放后曾任浙江省政协副主席）被保释出狱。临行时，他看钟少白身无分文，就给她 10 元钱，并问她对党组织有什么要交代。钟少白表示已经做好了牺牲的准备。两个多月后，由于她始终没有暴露身份，在党组织的营救下，敌人只好将其释放。

钟少白在狱中的英勇表现，体现了共产党员的钢铁意志和崇高气节，出狱后受到党组织的高度赞扬。时任中共诸暨县委书记杨思一（新中国成立后曾任浙江省副省长）称赞她是"我们诸暨的女英雄"。

亲历"慈东事变"，参加新四军再战斗

钟少白出狱后不久，党组织派她去浙东抗日根据地工作。她先到金肖地区枫桥办事处，后到三北地区慈镇县慈东区委任组织委员。慈东当时是抗日游击区，日伪顽三股力量与我方在这里形成交叉均势，中国共产党组织和领导的抗日任务非常艰巨。钟少白在斗争形势十分复杂的时期，肩负重任前往该地区开展工作。1943 年 11 月，钟少白和党组织、抗日军民经历了震惊浙东的"慈东事变"。

当时，驻慈东的国民党慈溪县自卫总队宋清云部多次制造摩擦，敲诈勒索、绑架、残杀抗日干部和群众；遭到我军打击后，表面上表示要维持统一战线，暗地里却和日伪军勾结，沆瀣一气。宋清云与日军宁波地区联络部经济兼情报科长仓田密谈。他们经过密谋策划，利用我军主力西调执行任务之际，宋部在日伪军的配合下，于当月 6 日下午 4 时倾巢出动，围捕抗日军民。三北地区慈东办事处、三北经济委员会慈东分会、地方群众骨

干 130 多人被捕。钟少白和慈东区委的几位领导在群众掩护下幸免脱险。

"慈东事变"发生后，中共三北地委立即开展营救。三北地委书记王仲良一方面给宋清云写警告信，要求释放所有被捕人员；另一方面派部队奇袭宋部，营救出 9 名关在木笼里即将被处死的同志。

在三北地委领导下，慈东区委钟少白等人动员群众，团结一些拥护抗日的国民党乡镇长向宋清云提出强烈抗议。面对各方面压力，宋清云软硬兼施，放一部分，杀一部分。有 12 名抗日志士倒在了宋清云这个民族败类的屠刀下。宋清云的血腥屠杀，没有吓倒慈东人民，在中共慈东区委和钟少白等同志的领导下，继续斗争。许多慈东抗日青年踊跃报名参加新四军，进行反击日伪顽的战斗。

"慈东事变"后，钟少白等区委同志撤到横溪乡。在此地活动的新四军浙东纵队三支队为有效地歼灭日军，支队长林友璋（林达）希望区委能帮助侦察日军据点的兵力和火力。钟少白主动领命，化装成农妇，带领一名农民党员阿发，经常去日军据点附近近距离侦察日军动态，记录了日军人数和主要武器装备。

一次，他们翻越篱笆时，被日军发现并开枪扫射，阿发中弹牺牲，钟少白幸免于难。浙东纵队政治部的《战斗报》曾对他们的英勇事迹进行了报道。

1944 年 3 月 1 日，经过周密的部署和谋划，中共三北地委书记兼总队长王仲良率领新四军浙东纵队三北自卫总队主力，在中共慈东区委和慈东群众配合下，突袭了宋清云部，将其大部消灭。宋清云侥幸逃脱，新中国成立后被活捉镇压。

1944 年 11 月，经组织介绍，钟少白和 1927 年参加革命的中共三北地委书记王仲良结婚。婚后，钟少白调到中共三北地委机关工作，先后任机关政治指导员、联络员等。1945 年 9 月，钟少白随机关北撤至山东，编入新四军独立第一旅，先后任政治部组织干事、机关机要秘书、直属部队政治指导员。

新中国成立后，钟少白努力熟悉工业和科技领域的新事物，为国家建设贡献力量。1957 年，她就任上海中华冶金厂厂长。她不忘初心，带头苦干，处处为厂里其他干部和工人群众着想，成绩斐然，曾被评为"上海市先进工作者"。

钟少白
（摄于 2021 年 7 月 1 日）

回忆抗日战争峥嵘岁月，钟少白饱含深情地说："为有牺牲多壮志，敢教日月换新天。正是无数这样的先烈抛头颅、洒热血，才迎来了抗日战争的伟大胜利。今天，我们更要学习、继承和发扬革命精神，才能坚定不移地为实现民族复兴的伟大中国梦而努力奋斗。"

不忘初心，牢记使命，是钟少白老战士一生的遵循。她追寻理想，坚守真理，不计名利，甘于奉献，体现中国共产党党员的本色和铁军的底色！正是有无数像钟少白这样的英雄，中国共产党才能成为抗日的中流砥柱和中华民族的脊梁，党在百年征程中才能筚路蓝缕、披荆斩棘、勇猛无畏地克难攻坚，取得无比辉煌的成就。

亓曙冬　上海市新四军历史研究会理事

王幼云　钟少白的幼子

资料来源：

1. 2021 年，亓曙冬多次采访钟少白及王幼云先生的记录。

2. 上海市华中抗日根据地新四军历史研究会浙东浙南分会秘书长吴江凯提供《钟少白简历》。

顾海楼

爱国青年热血铸就　为党为民百炼成钢

顾海楼（摄于 1949 年）

顾海楼（1922—2023），男，江苏阜宁人；1941 年参加新四军第三师的抗日工作；1942 年加入中国共产党，任地下交通站站长；1943 年转入地方工作，任作新乡党支部书记兼联防队长，参加反"扫荡"斗争和锄奸行动；1945 年参加阜宁战斗；1948 年参加淮海战役，提供粮食保障；1956 年任上海市汽车修理公司经理和党组书记，带领职工造汽车；1984 年从上海后方基地机电工业公司党委书记岗位上离休。在百岁老战士联名给习近平总书记写的信中，他是十名签名代表之一。

有一位老人，在战争年代，他英勇杀敌、智勇双全、战功卓著，获"杀敌一等功"；新中国成立后，他又带领修理公司为建设新中国而奋斗，《我为祖国造汽车的故事》鼓舞了一代又一代年轻人。百年乘风破浪，永葆一颗初心，他就是顾海楼。

热血男儿接过抗日火炬的第一棒

江苏省阜宁县自古崇文重教，素有"江淮乐地"之称。顾海楼深有感触地说："我少年接受的教育非常有限，但在乡人眼中俨然是个文化人。传统文化的熏陶，让我牢记'天下兴亡，匹夫有责'的祖训。这对我在国难当头时能积极参加中国共产党领导的抗日活动，起到了积极作用；在中国共产党启蒙教育下，我对党的事业和宗旨有了认识。"

1938 年 5 月，日本侵略军的炮火蔓延到阜宁这个滨海之地。少年顾海楼和家人为避战乱，开始了流离颠沛生活。长达 3 个月的辗转让顾海楼母亲积劳成疾而去世，也在顾海楼心里埋下了对日寇的仇恨。

顾海楼回忆道："1939 年冬，我们村的地下党员李寄峰（先后任阜宁县委组织部部长、代理书记、新四军第三师八旅 24 团政治部副主任）为掩护党的秘密活动，在村中组织了中学补习班。我家境贫寒，听闻此消息如久旱逢甘露，和同村十几个青年参加补习班。李寄峰社会活动较多，无法保证每天的教学时间，常鼓励学生自学；我因学习能力强，被老师选为补习班'学长'，除了负责点名、发课本等，还在自学时间给同伴'辅导'老师教过的内容。因李寄峰忙于党的工作，加之有人向当局告发补习班有宣传共产党的嫌疑，补习班被查封。补习班存在时间不长，但我在这里受到了革命启蒙，为日后参加新四军、加入共产党走上抗日救国之路，打下了基础。"

1940年，黄克诚带领八路军第五纵队部分主力南下，支援苏北新四军抗战；同年秋，与陈毅、粟裕率领的新四军第二纵队苏北指挥部，参加黄桥战役打退国民党顽固派进攻后，两军之一部在盐城大丰县白驹镇胜利会师。新四军赶走了阜宁城里的国民党顽固派，在这片土地点燃抗日之火，建立了抗日民主政权，隶属于淮海专区。1941年阜宁县隶属于盐阜行政区，成为著名的红色热土。

顾海楼说："我是村里接过火炬第一棒的人。那时，村里来了八路军第五纵队的民运工作队，有四位同志常来村里开展工作，我经常前往交流。在他们启发教育下，我接受了交通送信任务，为民运工作队和新四军第三师驻阜宁的24团之间送信、传递消息。每次任务我都能出色完成。不久，我被任命为阜宁大队（后为24团）领导的地下交通站站长。

"由于我积极上进，地下党组织决定吸纳我为党员。1942年初（1941年农历腊月二十三），本村地下党员顾帮卿告诉我，天黑后到村后沙岗祖坟地，有人找谈话，叮嘱我不能告诉任何人。

"当晚约八点，我来到指定地点，但空无一人；刚想离开，听见有人叫我名字，民运工作队工作人员陈隐和陈涛早等候于此。我们席地而坐，谈了村里情况及抗日形势和中国革命任务，他们问我：'陈涛和田平同志介绍你参加共产党，你是否愿意？'我当即表示愿意。两位同志叫我举起一只手，握成拳头，跟着他们一字一句地宣读入党宣誓。宣誓后，党组织让我化名顾海楼（原名顾振坤）。过几天，田平同志从外乡回来，找到我谈话，并告诉我说：'顾帮卿是党组长，有事与顾帮卿联系，接受他代表组织交办的任务。'"

成为一名共产党员，这是顾海楼人生重大的转折点。那时，中国共产党领导的抗日力量正面临着日伪顽三方进攻，日伪军经常对盐阜区抗日根据地进行残酷"扫荡"。顾海楼先后参加过戴沟战斗、锄奸行动、阜宁战役等战役和战斗。不管环境多恶劣、条件多艰苦，他都坚定不移跟党走，出生入死，屡建战功。

戴沟反"扫荡"，见证战友铁军风骨

"皖南事变"后，新四军遭受重大损失。1941年1月20日，中共中央军委在盐城重建新四军军部，任命陈毅为代理军长，刘少奇为政治委员，下辖7个师1个独立旅，先后取得了盐（城）阜（宁）、苏中、淮海、淮北反

"扫荡"胜利。同年 5 月 20 日，中共中央华中工委在盐城成立，下辖苏中、盐阜、淮海、皖东北等 9 个区党委，盐阜地区成为苏北抗日民主根据地的核心。不久，中共中央华中局、新四军军部移驻阜宁达 18 个月之久，新四军第三师师部常驻阜宁县益林镇南窑村（今西南村）5 年多。日伪经常对阜宁发起拉网式"扫荡"。

1943 年 5 月，顾海楼调任作新乡联防队指导员兼队长，首次参加反"扫荡"之战即戴沟战斗。战友陈章炽热的爱国情怀和钢铁般意志，让他深受教育。顾海楼回忆："那年农历四月一天，正处于收麦子时节，盘踞在沟墩镇的日伪军来戴沟'扫荡'抢粮食。阜宁县总队得到情报后，立即部署新四军岗河大队（县总队二连）会同阜宁县四个乡的联防队约 200 人，在戴沟设下埋伏，准备聚而歼之。二连四排副班长陈章也参加战斗。陈章年长我一岁，我俩是一起长大的发小，同年参加共产党领导的抗日武装。

"上午 7 时许，30 多个日本兵在百余名伪军和伪警察配合下，气势汹汹地从沟墩镇沿中陈庄往戴沟方向而来，刚入我军埋伏圈，战斗打响。参加这次战斗的是地方部队，但每个战士如猛虎下山，个个奋力杀敌。不到半个小时，日伪军被打得丢盔弃甲，四下逃命，阵地前倒下几十具尸体，30 余人被击毙。

漂亮的伏击战快要结束时，出现意外情况。驻扎在阜宁县城的 200 多日军调防盐城恰好路过这里，日军立即包围了抗日队伍。情况十分危急，为保存地方武装力量，县总队命令岗河大队立即突围。撤退中，由二连四排担任掩护。四排战士奋力抵抗，但因敌人众多，且武器装备优于新四军，掩护战打得非常吃力、异常艰苦，我方损失很大，最终因寡不敌众不得不撤出战斗。战友陈章因负伤不幸落入敌手。

日军把陈章带到沟墩据点，严刑拷打，企图摸清新四军去向。但陈章坚贞不屈，任凭严刑拷打不吐一字。凶恶的日本兵竟残酷地把陈章用铁钉钉在墙上！陈章被折磨得奄奄一息仍骂声不绝，高呼打倒日本侵略者！无人性的日本鬼子又割掉他的舌头，让他无法说话，还放出军犬撕咬他。陈章遍体鳞伤，被日军活活折磨致死，直至停止呼吸，他还瞪着愤怒的双眼！"

顾海楼声音哽咽了："陈章同志留给我的印象太深了，他不仅是我青少年时代的好朋友，一起玩耍、劳动，一起参加革命，他更是中国共产党和新四军的好同志！他作战勇敢，能承受任何艰难困苦。时至今日，我对他的革命精神，他的为人，永远深深怀念；中国取得抗战胜利、中国革命能够成功，多么不易！"

战友的铮铮铁骨和无畏斗志，一直激励着顾海楼。他发誓为战友报仇，狠狠打击侵略者和为虎作伥的伪军。1944年春节期间，顾海楼根据农民郭乔寿提供的信息，带领9个联防队民兵，连同区大队和区委会派来的2名武工队员，深入敌占区，巧用计谋活捉作恶多端的伪区团副及

6名伪军，缴获了6支长枪、1支手枪、1支驳壳枪，约100发子弹；1945年4月，顾海楼参加阜宁战役，在县独立团指挥下，他率领乡民兵中队打阻击战，阻止溃散的日伪军南逃盐城；战役取胜后，他又奉命押解俘虏，行程1天，终将30名俘虏如数交给接收部队。阜宁地区的伪军基本被肃清，苏北日军也日暮途穷。青年顾海楼逐渐锻造成铁的战士。无数像顾海楼一样的战士，成为抗日中流砥柱的重要组成部分。

参加涟水战役，保卫解放区

抗战胜利后，蒋介石发动了反共反人民的内战。1946年6月，国民党大举进攻解放区。蒋介石派嫡系部队第一绥靖区司令李默庵，指挥5个整编师15个旅，从徐州以南、津浦路以东、长江以北等三个方向同时作战，对苏北解放区形成半包围态势，妄图割断山东解放区和苏北解放区，消灭新四军主力。

华中野战军司令员粟裕和政治委员谭震林集中第一、六师和第九、十纵队及第五旅共28个团兵力迎击，取得七战七捷。然而，淮南、淮北解放区相继陷落，苏皖解放区痛失首府两淮（淮阴、淮安），运河以东的苏北地区，我军仅控制着涟水、阜宁、盐城和沭阳四座县城。

顾海楼说："国民党南线军队侵犯南通、泰兴、扬州之后，把进犯目标指向涟水，向北沿通榆公路直逼盐城、阜宁。盐阜解放区一面动员青壮年参军，一面调动地方武装加入主力部队阻击敌人进攻，保护解放区。

"1946年10月下旬，国民党整编七十四师张灵甫部和整编二十八师，大举进攻涟水城，迫使华中解放区党政机关及部队北移山东。对方配有飞机大炮，特别是第七十四师，全美式武器装备，号称国民党的'王牌师'。

"淮海和盐阜两军分区和主力隶属于第十纵队，我当时任北陈区联防队长，奉射阳独立团命令编入一营，成立一个参战连，我改任连文化教员兼二排排长。射阳、阜宁、滨海独立团配合，共同阻击来犯之敌。

"10月19日，国民党第七十四师兵分三路进攻涟水，华中野战军将士作战勇敢、指挥得当，以少胜多、以弱胜强，第七十四师进攻挫败，折兵3 000余人。张灵甫不甘心失败，1946年12月初，在国民党军其他部队配合下，再犯涟水城。此时，粟裕和陈毅在北线组织宿北战役，谭震林指挥南线作战，将王必成六师放在涟水南第一线，与第七十四师面对面打'硬仗'，双方激战9天9夜；张灵甫把主力转移至防守薄弱的西线，用重炮进攻由地方武装组成的、武器落后的第十旅，野战军官兵拼死抵抗，我带领的担架队也投入战斗。

"涟水失守后，主力部队撤离。我根据上级指令，转移至盐阜地区坚持地方武装斗争。国民党进占期间，环境险恶、生活艰苦，我担任两乡联防队指导员，在主力转移、敌人大'扫荡'期间，坚持边区斗争，避敌锐气，伺

江苏射阳县土改复查大队部全体同志合影（前排右二顾海楼）（摄于 1951 年）

机打击敌人。几十名联防队员昼伏夜出、左冲右突、神出鬼没，在敌人腹地里不断地骚扰；在一次偷袭和遭遇战中，联防队打死打伤敌人多人、活捉 2 人，缴获一些枪支弹药和物资，而我方仅 3 人负伤，无一牺牲。"

反"扫荡"胜利后，顾海楼获"杀敌一等功"，被县委和独立团评为战斗英雄，展示了顽强斗争、信念坚定的铁军风范。他又担任吴滩区、小海、必生三乡联防队党支部书记兼指导员。

兰溪庄活捉新四军叛徒施定国

国民党发动内战后，疯狂进攻苏皖解放区。1946 年

11月侵占阜宁；12月占领涟水。新四军主力北撤山东后，盐阜地区陷于血雨腥风之中。国民党军队与地主势力狼狈为奸，对解放区工农反攻倒算，杀害解放区干部、民兵及其家属；抢掠民财、杀人放火，无恶不作，民众苦不堪言。

当时，盘踞在阜宁城的是国民党五十一师、王匪为旅长的四十二旅、孙哲言为师长的三十三师及地方保安团和警察2万余人，分布在城周围羊寨、白沙、张庄、渝口、沟墩、田舍、曹家舍、东沟、益林等大小十几个据点，在阜宁和射阳两县边境的广大区域建立基层政权，设立苛捐杂税，横行乡里，鱼肉百姓。其中，新四军叛徒施定国所犯罪行最大。游击队与民众早想拔掉这些据点，恢复人民政权。

兰溪庄位于射阳县射南乡，紧靠阜宁县城，射阳河、南岗河流经村庄以南以西，三面环水呈半岛型，在此居住的20余户农民靠种菜卖菜为生。国民党阜宁县第七区政府及射南乡政府自卫团（即还乡团）约50余人在此设立据点，叛徒施定国在自卫团担任保安队副队长。他们倚仗这里易守难攻的地形及城里国民党正规军的保护，作威作福，敲骨吸髓压榨农民，还残酷杀害解放区农委主任郭乔寿和民兵干部杨寿山的妻子，施定国就是凶手。

施定国是贫苦佃农出身，18岁参加新四军，任机枪手，后被提拔为班长。国民党军队进攻苏北解放区时，施定国父亲写策反信给施定国。施定国开小差离开队伍，回乡后叛变投靠还乡团；为了表功，他利用当新四军时掌握的信息，大肆残杀工农群众，成了无恶不作的反共分子和当地一害。

为拔掉兰溪庄据点，除掉施定国，射阳县独立团决定派一个连配合吴滩区大队及陈庄、小海、必生三乡联防队民兵共200余人，攻打兰溪庄，打击射阳河南国民党的嚣张气焰。计划得到射阳县委和盐阜军分区批准。

1947年7月初晚上约10时，各路队伍在小海村集结，制定作战计划，由边区民兵和区队担任主攻，独立团一连配合作战，防止阜宁城援军，并掩护主攻部队撤退。分工明确后，队伍跑步行军，24时攻打兰溪庄。

顾海楼回忆道："我带领3个乡联防队冲锋到距离敌据点约50米处，与敌岗哨相遇，此人正是杀害解放区干部及家属的凶手施定国。我一声令下：'上，抓活的！'我与战友孙治平和孙治宏冲上去，施定国尚未来得及发问，即被我摁倒在地，孙治平将其捆绑起来。我又率领联防队冲进村庄的据点里，双方展开激战，敌人被打得四散，蹚过射阳河，缩回城里。此役是我领导的联防队主动出击并作为主攻力量大获全胜的初试锋芒，打死敌军4人、打伤2人、活捉1人，并缴获一批战利品包括步枪4支、子弹一批、手榴弹40多枚等。我方也牺牲2位战士。"

吴滩区各界召开公审施定国大会，到会者达500余人，席地而坐。公审大会由吴滩区区长周平南主持，顾海楼是陪审员，会上群情激愤，群众纷纷发言，揭发和控诉施定国残害人民的事实，一致要求严惩这个新四军叛徒，实行枪决。周区长宣布，他代表吴滩区政府，同意人民的要求。农民代表、妇女代表、青年代表一起跑上主席台，把施定国押下来。

后来，区政府贴出布告，公布施定国的罪恶行径，执行枪决。当时，射阳县话剧团还编了四幕话剧《顾海楼活捉施定国》，一时传为佳话。

攻坚克难，为淮海战役输送粮食

1948 年秋，我军在各个战场上捷报频传的同时，华东、中原两个野战军在淮海地区与国民党军展开战略决战。部队打大仗，后勤工作至关重要。10 月，盐阜军分区命令射阳独立团在 7 天之内组建一个参战连，负责保障大运河的粮食转运。仅 7 天，独立团调齐了全部人员，到阜宁县白沙区驻地集中。

顾海楼说："我奉命组建参战连并被任命为连长，副连长由射阳县合德区民兵大队长周彬担任，指导员是射阳县四明区委委员、区治安助理王祝才。全连共 86 人，都是有战斗经验的共产党员，组织性纪律性强。没有'排'的建制，只分 6 个班，机动灵活，非常精干。"

参战连经过短暂整训后，盐阜军分区将指挥权移交给华东军区后勤部两淮运粮办事处。接到命令后，顾海楼带领连队火速赶往淮安，一天一夜步行 200 余里到达淮安办事处，在城南门外耳洞口一家大粮行安顿下来。他还兼任两淮运粮办事处党支部委员、民管股长，负责管理各地来支援前线的民工调派工作。参战连又整训3天，进一步明确任务，须在10天之内即11月10日前，把各县派来的150条船的粮食从内河过堆到大运河，并将300辆独轮手推车集中起来，将各地送来的150万斤粮食经淮阴（清江城）运送至睢宁，转交驻睢部队接收。

兵马未动、粮草先行。若过早地大规模征集、运送粮食，可能暴露我军的战略意图，而参战的华东野战军和中原野战军没有粮食绝对不行。因此，运送粮食的任务必须在战前短时期内迅速完成。

淮安城刚解放，社会情况复杂，治安尚未稳定。当时，运粮主要靠调集的民工用小车和木船来完成。国民党潜伏下来的敌特分子到处造谣搞破坏，他们对船民说："上前线就是送死，好死不如赖活着，回家多好呢！"还说："船是你们的命根子，坏了就是倾家荡产；就算不坏，共产党拿去也共产啦，看你们今后怎么活！"更有一些散兵游勇与当地土匪勾结，夜里偷袭岗哨和工作人员，放火焚烧粮仓。顾海楼和地方带队干部艰苦细致地做民工和船民的思想工作，使他们识破了敌人的阴谋，稳定了队伍，推动运粮工作紧张而有条不紊地进行。

为了防止敌人搞破坏，办事处组织了夜间武装巡逻。一天夜里，顾海楼带队巡查仓库，正询问执勤哨兵有关情况，发现东边粮囤起火！顾海楼立即吹哨集合人员灭火。

这时响起了枪声，顾海楼迅即率巡逻战士向枪响处开火，边打边冲，赶跑敌人，扑灭了粮囤上的火苗。

顾海楼与战友夜以继日地连续奋战了两个多月，顺利完成了后勤运粮任务，并获得华东军区颁发的淮海战役参战纪念章。经过战争岁月的长期洗礼，顾海楼这位"书生"，已锻造成一名信念坚定、有勇有谋的钢铁战士。

1952 年 2 月，顾海楼从位于扬州的苏北军区党校奉调到上海，1956 年任上海市汽车修理公司经理和党组书记，1957 年兼任上海市交通运输局货车修理厂厂长。他带领职工，发扬新四军铁军精神，自力更生艰苦创业，筚路蓝缕自造汽车。1958 年，经过全厂职工昼夜拼搏，第一辆交通牌 4 吨载重汽车于 5 月 22 日诞生，比原计划提前 13 天。在当年的国庆检阅式上接受中央领导检阅。上海市交通运输局货车修理厂荣获国家先进企业称号，成为全国"自力更生"十个红旗单位之一，"交通牌汽车"获得国务院技术革新二等奖。顾海楼领导全厂职工把汽车修理厂变成汽车

淮海战役结束后顾海楼（右）在两淮运粮办事处留影（摄于 1949 年）

顾海楼（摄于 2021 年 7 月 1 日）

制造厂"上海重型汽车厂"，作为这段历史的亲历者和见证人，回首往事，顾海楼感到无比欣慰和自豪。

新四军百岁老战士顾海楼像一支燃烧的蜡烛，为国家为社会为人民发光发热，践行了一位真正的共产党员的初心使命。

顾海楼生于贫苦家庭，困于战乱，在国破家亡之际，投入抗日的洪流，接受革命启蒙，逐渐成长为一名优秀的新四军战士和党员。顾海楼服从党的指挥，从交通联络到战场冲锋陷阵，再到后勤补给，他用最大的力量完成党交给的所有任务。

新中国成立后，顾海楼全身心地投入到建设祖国的伟大事业当中。他带领修理厂职工，将汽车修理厂变成了汽车制造厂，让中国人具备自己造汽车能力。正是成千上万像顾海楼一样热血奋斗的党员和群众，才造就了今日强大的中国。

林成杰　上海交通大学 2020 级本科生
徐易成

资料来源：

1. 2021 年 2 月 12 日、16 日，张玲等采访顾海楼及儿子顾宪、顾军先生的记录。
2. 上海市新四军历史研究会三师分会秘书长顾宪提供的顾海楼自传及相关资料。

胡友庭
擅长游击战的 20 岁县委书记

胡友庭（摄于 1950 年）

胡友庭 (1922—2021)，男，江苏邳州人；1939 年，他加入中国共产党，历任第五战区青年救国团宣传干事兼少年工作团指导员，临、郯、费、峄边区青年救国会会长，指挥青少年打游击；1943 年任邳县县委书记，同年加入新四军第四师；1949 年随解放军渡江南下解放杭州后，在杭州市委和浙江省委任职；1953 年至 1986 年先后在华东师范大学、同济大学、上海水产学院（现上海海洋大学）、福州大学、福建师范大学等高校担任校党委书记、副书记。在百岁老战士联名给习近平总书记写的信中，他是十名签名代表之一。

什么样的人生才能被称作传奇的一生？和那个年代许

多人一样，胡友庭出身农村、家境贫苦，年幼时体弱多病更让他雪上加霜。但他却胸怀大志，而且意志坚定。他16岁成为中共候补预备党员，这位少年八路军战士屡次用游击战破解日寇的"扫荡"，名扬四方；建设年代里他先后作为多所高校的党委书记践行初心使命。他用实际行动谱写了一位新四军老战士的生命华章。

出身贫寒，喜好学习获读书机会

江苏省邳县历史悠久，可追溯至夏商时期的邳国。1940年，中国共产党在邳县境内的陇海铁路南北地区建立了两块抗日根据地。在陇海路以北的铁佛寺成立了邳县民主政府，隶属于山东鲁南第三专署；在陇海路以南的古邳设置邳南行署，隶属于八路军运（河）西办事处。

少年胡友庭在邳县民主政府成立前就加入了中国共产党。他家境贫寒，幼时体弱多病，无法像家中其他孩子一样下地干活，空闲时常去村里私塾听课，因此学会了识字算数。他酷爱看书写字，但家中无力供他接受教育。私塾先生被他的好学和天赋打动，便极力劝说胡友庭长辈送他读书。胡友庭靠伯父的资助终于如愿以偿，他十分珍惜这来之不易的学习机会，在校期间，各门功课成绩优异。他说："这几年学习打下的基础，让我终身受益。"

胡友庭富有爱国心且追求进步，听闻九·一八事变，他对日寇的侵略义愤填膺。1934年，他在小学期间主动加入邳县青年救国团。1937 年考入山东临沂省立第五中学读书，全民族抗战爆发后，他结识南下爱国学生并参加抗日活动，从文弱少年逐步成长为一名经验丰富的抗日勇士。

柔弱少年志气坚，十六岁成候补党员

九·一八事变后，国民党政府的不抵抗行为引来诸多议论和批评，中国人民对国民党政府也愈加失望，国民党政府越做反共宣传，青年学生和知识分子就越倾向共产党。七七事变后，胡友庭所在的临沂第五中学教师和学生经常议论时局，把希望寄托在共产党身上。北京学生南下宣传团来到胡友庭家乡，带来了八路军已进入沂蒙山区并已开办随营学校的消息。1938 年底，除鲁西北、冀鲁边之外，山东抗日武装在山东沂水组建了八路军山东纵队；1939 年初，八路军正规部队挺进山东，一一五师师部及主力一部进入山东临沂，与山东纵队共同开辟、巩固鲁南抗日根据地。

临沂第五中学里年龄较大的同学聚在一起商议，准备结伴去山区寻找八路军参加抗日。胡友庭也要求参加，但过一次封锁线就要一口气跑几十里，同学怕他因体弱、年龄小而坚持不了，就避开他走了。这反而更坚定了胡友庭去找八路军、参加抗日救国的决心。

彼时，正好有一群南下宣传团的爱国学生来到胡友庭的家乡。胡友庭得知他们准备到陇海铁路沿线的蒙乡

（今山东省临沂市蒙山县）和邳县北部地区开展抗日工作，并计划在铁佛寺镇（现邳州市艾山铁富镇）设立工作站，连接苏北和鲁南。那时，台儿庄战役刚结束两三个月，作战双方数十万军队丢弃了无数的枪支弹药，因而周围大小村庄都有数量不等的枪弹，多数村庄逐渐变成土匪的天下，抢劫绑票的混乱局面顺着津浦、陇海两铁路线的城镇不断向外蔓延，外地人很难在此开展工作。胡友庭比较了解当地情况，便主动帮助南下宣传团的学生开展工作。

在帮助南下学生的过程中，胡友庭展露出人际交往的才华和广泛的人际关系。他联系在该区区公所和十五个乡镇公所工作的同学、亲戚及认识的机关公务员，带着南下学生走遍每个区乡政府请求提供方便。他每到一地便召集在苏北、鲁南的同学及同学的同学见面，通过家住铁佛寺的表哥又联系许多青年。几个月后，百余名青年学生与区、乡镇人员建立联系，形成爱国青年的人脉网络，这为他日后开展抗日活动打下了社会基础。

1939 年 3 月 28 日，胡友庭在表哥家又与南下学生见面。当时广播电台正在播放马德里失守消息，学生们群情激愤高唱保卫马德里歌曲，还说要做一件事纪念该事件。他们告诉胡友庭，他们是共产党员并要介绍他入党。但因他年仅 16 岁无法入党。后来听从延安来的学生建议，参照"红小鬼"的入党办法，胡友庭可先做"候补预备党员"，年满 18 岁之后再转正。就这样，16 岁的胡友庭加入了党组织，并开始了他充满传奇色彩的革命生涯。

"赤手"组建儿童团

1939 年冬，胡友庭结束鲁南区党委第四地委青年培训班的学习，参加地委的沂东工作团，到山东郯城县马头镇做青年儿童团工作。

胡友庭回忆道："当时团员共 5 人，其他 4 人做过军分区政委和司令的警卫员，见过世面，分到城外农村地区工作。而我年龄最小，没有工作经验，被安排在城里，由团长亲自带教。刚开始的两天，团长在县委开会，我闲来无事，到附近的县第一小学找熟人。熟人没找到，倒是我的'小八路'身份引起了小学生兴趣。他们向我诉说，现在各行各业群众都在协助抗日军队及地方政府，我们小学生也想做点事，但无人指导。"

胡友庭抓住时机，建议他们仿效当年井冈山的红区孩子组成儿童团。在小学生的请求下，胡友庭指导他们组织起来：一校一团，团以下按年级编大队或中队，负责宣传募捐慰劳军队、站岗放哨防止敌探破坏、劝导群众破除迷信和赌博等坏风习。"一小"学生当即成立校儿童团部并选举团长，主动联系全城其他学校参加，各校联合并成立全城总团部，选举"一小"儿童团团长孙德茂为总团长。

胡友庭进一步提议，将已离校的学生、外来做学徒的同龄人也组织起来，按各厂、店工会提交的人员组织小组，附属于各学校。一个星期后，"儿童团"成立大会如期召开，并举行阅兵式。胡友庭请团长前来阅兵并讲话。当天，大街小巷到处都是手持红缨枪的小学生；成立大会后，各团的防区划定并开始执行任务。

胡友庭负责全城儿童团工作，每天进出学校和商店，从早到晚串门做工作。组织儿童团是胡友庭参加革命后第一次独立完成的工作，初步显示了他很强的组织领导能力，为他以后开展青少年工作打下了基础。

依靠群众组建农民自卫队

1940年3月，县区各机关抽调干部组成工作团下乡，帮助组建农民抗日自卫队。胡友庭和小孙、小李三个十几岁少年党员组成的工作团被指派到城西孙堰乡开展工作。当时正处于国共合作时期，各乡、区、县的政府部门里既有国民党人员，也有共产党人员，各党派都想掌握农民抗日自卫队领导权，情况十分复杂。

胡友庭说："乡公所设在王桥村东王家祠堂内，与乡动员委员会在同一地点办公。乡长（王宪甫）是国民党员，原省党部的下级官员。乡动委会主任（王景喜）是原县党部二把手。而青年救国、农会、妇救会等工作人员，则在村西小学校办公，进步分子居多。如青救团主任王保善兼小学校长，是中共老党员。农会会长王居供也是老党员，在抗战前两年领导过农民暴动，被镇压后，在济南坐过监牢。支部书记王恒芳也参加过前几年的暴动。

"工作团与乡政府成员在王家祠堂见面，接待我的是八路军工作团老范（范适）。他一身酒气，打牌一夜刚回，随手从乡政府物资堆里挑出一双新的皮底鞋递给我，表示欢迎和鼓励。我将鞋丢回原地，气愤地说：'八路军的人，不记得'三大纪律八项注意'？你哪里来的钱喝酒打牌？乡公所的鞋是群众拥军捐献的，你怎么可以随意拿来送人？'

"我和工作团成员一身正气，对老范很失望，决定到村西小学校办公。工作团成员年龄虽小但工作能力很强，没多久就陆续把全乡各村的农民自卫队组织起来，组建乡农民自卫队。不久，全乡大会上发生了一场领导权之争。老范支持国民党，主张乡队部设在乡公所和乡动员委员会之下。我与他据理力争，主张独立建制。我指出，县里并无相关规定，有的村已组建青年自卫队，有的组建农民自卫队，有的两个都已建立，但各村联系不紧密不利于领导，应把各类武装力量统一改编为农民自卫队，乡里的两个军事部也应合二为一，归乡农民自卫队统一管理。两个国民党员不甘心，去县里告状，结果败诉，老范被调出该乡。

"我总结工作团开展顺利的原因：一是依靠当地中共党员和党组织；二是扎根于广大人民群众之中，获得广泛支持，顺利组织抗日武装，牢牢抓住了武装队伍领导权，工作得到上级领导的肯定。"

1941 年夏秋，胡友庭在沭海地委工作期间，依靠群众路线这个法宝，及时了解区长压榨百姓的行径，及时减轻了农民负担。

在地委工作的胡友庭，后来被派到蛟龙湾和朱樊村应对日寇秋后的"扫荡"。蛟龙湾（原属山东省郯城县）和朱樊（原属江苏省赣榆县）隶属于共产党领导的鲁南中心县抗日根据地新设的沭海地委。蛟龙湾是胡姓地主庄园，几百间瓦房只住着区政府机关。原区长逃往青岛，时任区长是其儿子。胡友庭根据在郯马和孙堰乡的工作经验，没有选择住地主大瓦房庄园，而是住在庄园以东一里的东村。这里农户较多，方便了解群众所需。

当时正值秋收，也是征公粮季节。群众对公粮负担重、分派不合理意见很大。村里一位私塾老师马老先生对此十分不满，希望胡友庭帮助群众主持公道。胡友庭建议老先生，可以在两天后行署白主任检视本村工作时，将准备好的材料当面报告给白主任。白主任秉承民意，指示区长，根据行署规定的征粮"合理负担"办法，帮助蛟龙湾大批农民解除了交公粮过重的负担。

东村的东面是袁村，袁村东邻也是个地主村庄——朱樊村。把控该村的王姓地主祖上是明朝总兵（官职），其家族把持地方政权几百年，使得周围各村农民的粮食负担更重。猎人袁大爷代表群众前来反映情况。胡友庭结合蛟龙湾经验，让他把材料交给白主任。没过多久，袁村胜利，周围一大批村庄受益。当地群众将猎得的几十只野兔送给工作团表示感谢。胡友庭坚决不收并告诉群众，乡北山区有抗日军队的被服厂，后方医院有大批军工和伤员，可送些兔子慰问，其余的可以作价卖给他们，如需要也可常供货。由此，胡友庭又帮当地猎人解决了生活问题。

胡友庭因工作出色，在鲁南名声大震。他说："一次，我去朱樊村汇报工作，见到山东纵队苻（竹庭）政委。他问我：'你是不是鲁南区党委的小胡？你是个名人呀，这是肖（华）主任说的。'苻政委又指着另一位纵队领导，说，不信你问问陈（士渠）司令员。"

胡友庭与下乡的共产党员，始终坚持群众路线，除了完成本职工作，还主动帮助老百姓解决困难，用实际行动践行全心全意为人民服务的宗旨，为他以后在家乡领导游击战奠定了广泛的群众基础。

巧用游击战破解日寇"扫荡"

《丽娃记忆》（上海三联书店 2015 年版）
收录胡友庭事迹

1941 年，山东抗日根据地对敌斗争的形势非常严峻。日本侵略者加紧对根据地的"扫荡"并推行"治安强化"，国民党顽固派不断挑起反共摩擦和进攻根据地。那年，鲁南全区发生严重旱灾、庄稼颗粒无收，导致严重春荒，军需民食极度困乏。驻地的鲁南党政机关和驻军被迫转移：鲁南区党委和八路军第一一五师师部及主力，东进滨海开辟新区；鲁南区专署和各救国会去邹东（尼山）抗日根据地。

胡友庭说："我时任鲁南青年联合会秘书长，奉鲁南区党委之命与青联部分干部到边区县开展斗争。这里是鲁南的中心抗日根据地，由于日寇围剿，根据地范围日益缩小。老百姓这样描述：'东白山，西白山，银厂、漫子、宝山前，南征北战十五里，东西步阳一线牵，一枪打透根据地，军民团结抗敌顽'。1941 年四月中下旬，我们 30 人在 20 天里，连续翻山涉水，穿越鲁中、鲁南、滨海三个根据地，突破日伪三道包围圈，在主力部队帮助下，夺回根据地。"

1941 年 9 月至 10 月，日军集中 5 万兵力在第十二军司令官土桥一次中将指挥下，准备对沂蒙山区抗日根据地的新泰、蒙阴、平邑、费县进行"扫荡"。中共中央山东分局和山东军政委员会，根据日军增兵山东的动向，判断日军有集中兵力、以沂蒙山区为中心进行长期"扫荡"的可能，指示全区党政军民紧急动员起来，做好反"扫荡"准备工作。

胡友庭作为机关干部疏散至蛟龙湾。他回忆了当时的情况："蛟龙湾是抗日根据地，大部分青壮年参加八路军主力部队东进。怎样进行反'扫荡'？我绞尽脑汁，利用之前组织'青年抗日救国先锋队'和儿童团的经验，把年龄在 10 岁至 15 岁的青少年组织起来，成立了'青年抗日先锋队'，让他们联络熟悉地形的山上放牛娃，商量反

'扫荡'策略。

"当时，村南是3个日伪'据点'（卞庄、向城、尚岭）。敌人一般提前一天从城市派来日伪军进驻'据点'，次日拂晓再袭击根据地。在我组织下，每个村庄收集据点的'扫荡'情报，及时传递，并提前确定好警戒位置。一旦日伪军从据点出发，各村预先转移老弱病残并坚壁清野。这样，大大减少了人员伤亡和财产损失，使被'扫荡'变成了积极主动的反'扫荡'。日伪军有时造个临时据点，'青抗先'成员便会前来打探情报。

"1942年的冬季是鲁南中心县抗日根据地遭遇的困难更多。日伪围攻，国民党政府断绝给养，部队的粮食衣物严重匮乏，指战员忍受饥寒交迫频频战斗，弹药得不到补给，人员伤亡后无法及时补充。一个连原有一百多人，现只剩四五十人，有的连伤亡较大，排长合并到别的连当战士。团营领导干部为了避免伤亡，便不轻易与敌接火。据点敌伪常常在拂晓之时突然向边沿村庄开火，把村内群众吓跑上山，将群众来不及带走的猪、羊、鸡，洗劫一空。

"我与青年抗日先锋队很快就想出了对策。当敌军再次来袭时，'青抗先'成员早早埋伏好，在距敌不远处突发一枪射中一个敌人，敌人转移方向反扑，但其实'青抗先'成员只打一枪便换了地方；当敌伪军找不到目标用机枪毫无目标地扫射时，成员又瞄准下一个日伪军，敌人再扩大包围、开火。一反一复，拖延至中午，日伪军在山中转了几十里也不敢轻易进村'扫荡'，害怕进入包围圈。

"主力部队团政委听见日伪军开火这么久，怕部队有伤亡，后被告知巡查营、连及县区大、中队并无异动，可能是我带领'青抗先'在行动。政委找到我，担心孩子们安危。我轻松地说：'没事，两人一会就回来。'果然，两个 14 岁孩子最终平安回来，每人打了三四发自造的土子弹，却引得敌人放了一上午机枪也没能抓去一只猪、鸡。"

胡友庭在如此恶劣的环境下建起了一支游击队，汇聚群众智慧，把日伪军耍得晕头转向，其足智多谋可见一斑。

组建游击大队巩固新政权

胡友庭的反"扫荡"游击战引起了上级党组织关注。1943 年春节刚过，县委临时派胡友庭做边区县四区区党委书记，与敌伪展开武装斗争。

胡友庭说："四区是游击区，被包围在敌区之中，四面皆有敌据点，敌伪随时进攻，我上任 1 个月，就与敌伪打了 40 多仗。我就任四区党委书记 1 个多月之后，突然接县委通知，要我立即返回。县委副书记孙黎明向我传达了党组织安排，要我一日一夜越过敌占区，进入邳北面见沂河地委书记韩去非。原来，中共中央指示山东根据地要越过陇海铁路向南发展。邳县处于最前沿，然而人手紧缺，地委书记兼任县委书记，县长粟培元兼县大队长，带几十人武装，在方圆一二十里地区打游击。组织上任命我为邳县县委书记，兼游击队政委。

"我观察了十多天后向地委建议，自己是当地人，不便公开带游击队。这是因为该县大部分地区的地下党组织及其掌握的武装处于半公开状态，一直是敌顽伪攻击的对象；应该把无法隐蔽的部队撤入根据地，把未公开暴露的力量隐蔽下来，避免产生更大的破坏。地委同意我的建议。于是，游击队归地委管，而我作为县委书记管辖三个区委。

"两个月后，我又接上级指示，峄滕及邳县划归淮北第三地委领导，让我跨过陇海铁路去土山以南，找淮北第三地委书记康志强政委报到。1943年下半年至1944年上半年，我通过联系淮北区党委的邳南人，把邳铜地区已公开的党员和武装力量转移至陇海路以南的华中抗日根据地。顺利完成任务后，我进入华中抗日根据地，从山东纵队编入新四军第四师。

"此时，淮北武装已把夹在鲁南和淮北中间的反共顽固派武装韩治隆部消灭。已解放的铜东北、邳铜、峄滕三个县连成一片，合成一个县。我除了兼任邳铜工委外，还受命兼管原辖的三个区。上级党组织只安排一个区长及两个村的基干民兵协助我工作，我只有靠自己组建区政府、开辟新根据地。

"当时已是6月中旬，到9月份青纱帐落，敌伪必来'扫荡'。我两个月内若不能发动起群众巩固根据地，秋后难保。但可用的只有两个班的民兵，且皆是20来岁的放牛娃、小雇工。

"为了推进工作，我进行调查研究、收集信息，争取广大农民的支持：先召集三个村的放牛娃，开会讨论办法；接着把三村的佃户集中起来，实行二五减租。佃户农各得了100多斤粮食后非常高兴。仿照此法，我根据人际关系，把两个班的民兵和三个村的佃农组织起来，分派近20个小组管理各村，仅用半个月就完成全区的减租工作。最后，我组织了对顽固派的恶霸乡长阚州科的斗争大会，扩大新政权的影响力。我选择区中心所在地新集，在一个逢集日开会，十里八乡农民前来赶集，会议人数达数千人。群众历数阚州科的杀人、放火、抢、欺、压、打、罚、赖等几大罪状，群情激昂。阚州科当场下跪服罪，打开粮库，逐家逐项退赔粮食。

"会后，我向全体农会干部和会员提出，本区有数百枪支仍掌握在地主、乡保长手中，贫雇农必须设法掌握这些枪支并欢迎他们自愿参军。当时，现场有160人报名，并推选出班、排、连长，约定于下一个赶集日，各村参军人员骑马披红挂彩到新集开大会。阚山游击大队就此成立，区长兼任大队长，我兼任政委，呈请运河支队司令部分发军装。所有工作抢在两个月内完成，巩固了这片新解放的边沿地区。"

解放战争时期，胡友庭参加淮海战役后，编入华东南下干部纵队一纵队第五大队，从安徽无为县随中国人民解放军渡江南下；1949年5月3日杭州解放后，于5月7日就任杭州市艮山区区委书记。此地土匪猖獗，他未用一刀一枪，只用一周时间全部肃清匪患。我们问及奥妙，胡老微微一笑："依靠群众、游击战术。"他"拿来"抗战时期运用纯熟的群众路线和游击战术，这是克敌制胜之术。真是"剿匪不用枪，游击战术显神威"！

胡友庭书法（其家人提供）　　　　胡友庭给青少年讲党史（摄于 2015 年）

从胡友庭老战士身上，我们深切地感受到他作为一名共产党员、新四军战士的强大精神力量，这种精神力量被陈毅元帅总结为"铁军精神"，即"铁的信念、铁的意志、铁的团结、铁的纪律、铁的作风"。

坚定不移跟党走，始终听从党召唤，党指向哪里就打向哪里，这就是"铁的信念"。胡老自少年时就认同共产主义信仰，听从党指挥，十六岁提前入党，服从党组织安排，为了祖国和人民的利益英勇顽强、敢于牺牲、百折不挠，这就是"铁的意志"。他二十岁担任邳县县委书记，在半暴露于敌、伪、匪、顽情况下，开辟新根据地，与人民群众生死相依，他与群众关系牢不可破，这是"铁的团结"。

他听从指挥不讲条件，执行命令不打折扣，这就是"铁的纪律"。他英勇善战、敢打必胜，一往无前，这就是"铁的作风"。

新时代，大学生应向胡友庭等老一辈共产党人学习，不忘初心、砥砺前行，无论时代如何变革，奋斗和梦想是不变的底色，一如既往地赓续中国共产党人的精神血脉，继续为祖国、为人民而不懈奋斗！

邰潇逸　　上海交通大学 2020 级本科生
吴慧羽

资料来源：

1. 2020 年张玲等采访胡友庭、2021 年 3 月多次采访胡友庭女儿胡晓鸿女士的记录。

2. 上海市新四军历史研究会第四师分会秘书长陆永辉提供的资料。

刘 丸
战场上多次与死神较量的硬汉

刘丸（摄于 1955 年）

刘丸（1922 年出生），男，江苏新沂人，少年时期接受私塾教育；1939 年参加抗日地方武装，1940 年加入中国共产党，1945 年 8 月加入新四军第三师下辖的第六分区警卫团；参加过柴米河阻击战、盐南战役及抗美援朝战争中艰苦的几十次战役战斗，三次负重伤，为二等乙级残废军人；1955 年被授予少校军衔；1957 年转业到上海建工局工作；1984 年在上海市机械施工公司党委书记岗位上离休。他是给习近平总书记写信的 46 位百岁老战士之一。

1947 年的盐南战役，一颗子弹击中了他的额头，又从左腮穿出，血流如注，他顿时昏了过去，战友以为他牺牲了；经过一个多月治疗和老百姓照顾，他又奇迹般康复归队。1951年抗美援朝第二次战役时，由于没有特效药，他持续高烧 38 天，昏迷不醒。直到送来青霉素，他才逐渐恢复知觉。

他就是刘丸——饱经战火历练的铁军战士，从一个普通青年一步步成长为一名优秀共产党员和人民英雄。子弹虽坚，却击不穿他对党和人民的信仰；高烧袭人，却烧不融他的拳拳爱国之心。他的经历告诉我们，什么叫铮铮铁骨，热血硬汉。

抗日勇士奋勇杀敌

徐州沦陷后，日寇入侵刘丸的家乡，他目睹日本侵略者烧杀抢掠、无恶不作的罪恶，义愤填膺，发誓报仇。1939年，在已参加革命的长兄刘盾影响下，刘丸参加抗日队伍，负责打击奸商、发展抗日武装，登记和保管没收的日货、粮食及布匹。

1940 年 7 月，刘丸正式加入中国共产党，从此，他便走上漫长的革命征程。当时，刘丸的家乡还是敌占区，身边不断有同志牺牲，他意识到这条路注定充满了困难和危险，但依然义无反顾地走下去。

刘丸回忆道："1940 年 8 月，中国共产党在我家乡附近成立了潼阳县抗日民主政府，在此建立了沭（阳）宿（迁）

海（东海）联防办事处。日本侵略者将之视为眼中钉、肉中刺，经常对淮海地区抗日根据地进行残酷'扫荡'。1941年农历三月初的一个下午，我家中来了两位陌生人。他们带来的上级党组织签发的介绍信说，他们是'老周'和'王淑华'，因为敌人'扫荡'，他们希望在我家隐蔽几天。两人要求找两套农家服给他们换上，我祖父还主动让出自己房间让客人休息。

"我按照老周指示，不断外出探查周围村庄情况，了解地方上层人物哪些拥护抗战，哪些与敌寇勾结等，回来向老周报告。敌人'扫荡'结束后，老周、老王与我们家不舍道别，我和二哥背上步枪，护送他们抵达安全的地方。"

1941年春，苏北抗日武装不断壮大，根据地也在不断扩展。1942年4月，沭（阳）宿（迁）海（州）根据地边缘的守望乡建立了民主政权，与高邮抗日民主根据地相呼应，属于新四军第三师辖区，苏北办事处由此成立。同年5月15日，驻于陇海线徐塘站的日伪军，因守望乡拒绝交粮交税和提供民夫，实施报复性'扫荡'。刘丸当时任守望乡党支部委员，在沭阳县第三区区委、守望乡长领导下，率领区中队、守望乡及邻村民兵，组织了反'扫荡'伏击战。这是刘丸首次参加对日寇作战，开启了战场生涯。

"我主要负责守望乡桑墩战斗，广泛动员和组织拥有枪支的爱国乡绅、保甲长及地方豪强参加反'扫荡'，我的两个哥哥也是作战主力。区领导告诉参战人员：'做好埋伏，听从统一指挥；敌人在100米以外不要开枪，没瞄准不要开枪。'待日伪军靠近，区领导一声令下，隐蔽在壕沟里100多名战士和民兵的子弹疾风暴雨般射向敌人。走在最前面扛旗的伪军被击毙，太阳旗倒地，接着两名日伪军被击伤，敌人队伍出现混乱。我方虽然装备不好，只有2门土炮，杀伤力不大，却有很大的烟雾。日寇误以为是新式武器，骑马的日本军官跳下马与伪军连滚带爬狼狈逃回据点。"刘丸自豪地说："日本鬼子没什么好怕的。别看他们气焰嚣张，我们只要准备好，是可以战胜它的！"

刘丸为此赋诗一首：

> 抗日军民斗志昂，战壕深处等豺狼。
> 摇旗呐喊离边界，耀武扬威奔我方。
> 土炮洋枪齐发射，人亡旗毁倍惊惶。
> 日酋弃马同逃去，初试牛刀见曙光。

刘丸作战勇敢，又能贯彻党的减租减息政策，使当地贫雇农钱粮收入增加，他因此被提拔为守望乡指导员和党支部书记。"根据地老百姓真心实意地将新四军看作子弟兵。1944年秋，第三区给守望乡分配8名参军名额，结果有10名贫雇农青年踊跃报名，有一地主家庭出身的青年因在本地参军无望，转至十几里外的高流乡报名参军。参军青年戴花骑马受表彰，激发了他们保家卫国、奋勇杀敌的斗志。"刘丸不久调任第三区副大队长。

1945年8月，他转入部队随军作战，属新四军第三师

刘丸荣获的抗战胜利七十周年纪念状（刘丸女儿提供）

下辖的第六分区潼阳警卫团，后演变为淮海二团、十二纵队三十五旅一〇四团、三十军八十九师二六六团。刘丸不畏强敌的英勇气概，在更多战场上发扬光大。

苏北解放战场上拼死奋战

经过 14 年艰苦抗战，中国人民终于取得抗战胜利。而国民党旋即挑起内战。刘丸跟随部队先后参加了柴米河阻击战、盐南战役等数十次战役战斗，奋勇杀敌，数次负伤，战功卓著。其中，在盐南战斗中，他血染战场。

1947 年 9 月，国民党调集十几个师，对苏北解放区发动进攻，企图将我军挤出苏北。刘丸当时担任华东野战军十二纵队一〇四团九连指导员，辅助连长武可英指挥九连掩护纵队主力转移，在涟水东北部的柴米河一线担任阻击任务。刘丸回忆当时的情况：

"我和连长武可英组织柴米河阻击战。全连积极备战，在柴米河北面小魏庄面对公路桥构筑工事，严阵以待。我配合连长，用隐蔽等待、诱敌深入、然后给予痛击的战术，两次打退敌人进攻，歼敌达百人。

"我军的胜利让敌人恼羞成怒。人数众多、装备精良、火力强悍的敌军再次向九连阵地发起猛烈进攻。敌军平射和曲射炮齐发，无数炮弹呼啸而来，把整个小魏庄变成了火海，前沿阵地和许多房屋遭到严重摧毁。敌军炮火十分猛烈，尽管九连早有准备，但预备队二排还是挨了炮弹，副排长不幸牺牲……

"炮击之后，敌军组织了两个连的兵力夹击九连，企图撕破九连在炮火下松动的防线。敌人盯着九连火力薄弱点的三排发起猛烈攻势，很快就逼近到离三排不足 100 米的地方。眼看三排的防线就要被突破了，在危急关头，我果断地向连长建议，率一排副排长带一挺机枪去支援三排。

"连长同意后，我马上行动，带领支援力量去最危险的地方。这时，敌人距阵地只有 40 米左右，我在敌人的枪弹之中从容指挥，前来支援的机枪手端起机枪一阵猛扫，敌人立即倒下了七八个。但敌方督战军官仍不死心，边匍匐前进边指挥。一排副排长是投弹能手，他连续投掷三颗手榴弹，把冲在前面的几个敌人及督战军官全部炸翻，敌人狼狈回逃。"

刘丸在战斗危急关头沉着冷静、机智果敢，圆满地完成了阻击任务。

1947 年 12 月，国民党纠集 20 多万兵力，由南向北寻找我军作战。我军随即组织了盐南战役以粉碎敌人的进攻。此时，刘丸已升任华东野战军十二纵三十五旅一〇四团三营副教导员，一〇四团要在强攻伍佑镇的战斗中肩负起主攻任务。

伍佑镇位于盐城市区南郊，由六河九街十八巷二十六桥构成，蜿蜒的串场河绕伍佑而过，让伍佑形成独特的半岛特征，易守难攻。再加上伍佑守敌有一个师，更增加了这场战斗的艰巨性。

刘丸说："面对数倍于己的敌人，全团官兵没有退缩。我与三营官兵讨论战术，判断形势，排兵布阵，有序地组织展开进攻，尽力在保全自己的情况下向敌军的火力点发起攻势。但因敌军火力实在太猛，我军伤亡很大，战斗持续了一整夜也没有攻下伍佑。整个三营，除了教导员和七连连长外，其余干部非伤即亡。

"到了黎明时分，部队减员太过严重，火力和攻势渐渐弱了下来。狡猾的敌军趁机，调派大量部队向我军左翼迂回。我得知这个状况后大感不妙，意识到敌军想要一举'吃掉'整个一〇四团。危急之际，我主动提出带领七连守护我军侧翼。安排好人员后不久，七连就遭到了敌军的猛烈攻击，七连战士与敌军激烈交火，枪炮声震耳欲聋。我和战友们丝毫没有恐慌，在敌人火力猛的时候趴下躲避，在敌人火力不太猛烈时瞄准射击敌军。正当我专心作战的时候，一颗子弹击中了我的额头，又从左腮穿出。顿时血流如注，我昏了过去，什么都不知道了。"

战友们看见刘丸头部中弹，都以为他牺牲了。过了一会儿，刘丸才苏醒过来。他还记得当时的情景："我一张口吐出几颗被击碎的牙齿，大脑一片空白，头上方还不断有子弹尖啸着飞过，'要找掩护'，战士的本能促使我艰难地张开双眼。满脸的鲜血遮蔽了视线，在一片殷红之中，我恍惚注意到侧后方有一条沟，拖着失血虚弱的身体，奋力向那条'救命沟'爬去。直到支援部队到达，看见我还在顽强地向前爬，将我救起并送到团包扎所，简单包扎后即转送后方医院，抢救输液，紧急手术。经过一个多月的治疗和老百姓的照顾，我才得以康复归队。"

康复之后，刘丸坚决要求回归部队，参加淮海战役并坚持战斗，直至全国解放。

抗美援朝战争中昏迷 38 天

1950 年朝鲜战争爆发，美帝国主义战火烧到了中国边境。经历了十几年战争，身上硝烟味还未散尽的刘丸又加入中国人民志愿军，跨过鸭绿江，在冰天雪地的长津湖，围猎号称王牌军的美军陆战第一师，将敌人赶到三八线以南。

刘丸回忆道："新中国诞生不久，美帝国主义对我们恨得要命，千方百计进行封锁，并妄图颠覆，1950 年，指挥所谓的'联合国军'发动侵朝战争，企图将朝鲜作为其侵略中国的跳板，以期把新中国扼死在摇篮内。毛主席党中央毅然决定抗美援朝，号召全国人民保家卫国。在这关系祖国生死存亡的关键时刻，我也有幸参加了志愿军，成为这一壮举中的一员，感到无比的光荣和自豪。

"列车 36 小时一刻不停地从山东向东北方向奔驰，车厢崭新而整洁，旅途进展顺利，比三个月前由上海开往山东的逢站就停、遇车就让的货车好多了。列车飞驰前进，车厢内战士议论纷纷：有的讲，我们同日本鬼子打过仗，同蒋介石国民党打过仗，与美帝国主义还没有打过，这次可要掂掂分量了；有的说，我们参加过淮海战役、渡江战役、上海战役，都是与美式装备的国民党军队作战，同美帝国主义作战差不多；也有的打趣说：'这次能同美帝国主义较量那更好，叫他们尝尝小米加步枪的威力！'"

朝鲜战场条件极其恶劣，由于美军的空中优势，刘丸和战士们只能在深冬酷寒的密林深谷之间行军，后勤给养也跟不上。美军为了歼灭志愿军无所不用其极，一旦抓住志愿军的踪迹，就立即派飞机狂轰滥炸，甚至卑鄙地使用了细菌武器。在抗美援朝战场上，刘丸再次展现出不畏强敌、顽强斗争的精神。

1951 年 2 月，抗美援朝第二次战役胜利结束后，刘丸送重伤员回国治疗。准备工作就绪后，他突然高烧不退，体温高达 41 度。当时没有特效药，他苦苦坚持 3 天后仍昏迷。他先被送去军部后方医院、志愿军后方医院救治，情况虽稳定下来，但持续高烧 38 天，一直昏迷不醒。直到国内送来部分青霉素，连续注射几天后才退烧，他逐渐恢复知觉，但其视觉却仍未恢复；又经过半个多月的治疗，他才能看清文字。

刘丸（摄于 2019 年上海解放 70 周年）

然而，刘丸在回忆这样一段凶险的经历时谈笑风生，他把每一次战斗当作自己重要的经历。1957 年刘丸转业到地方工作后，一如既往地发扬在部队里的战斗精神，不计地位和名利，全身心地投入到上海市政建设中。

刘丸老战士身上无时无刻不体现着新四军的铁军精神。他的事迹令人动容，他年轻时为了民族复兴和人民解放舍生忘死，建立了功勋。刘老和革命先辈们为党和人民的事业英勇奋斗的精神永存，他们的精神指引着后人。我们应接过他们的旗帜，传承他们的精神，继续为中华民族的伟大复兴贡献自己的力量。

陈萃岚　　上海交通大学 2020 级本科生
朱文铄

资料来源：

1. 2020 年，张玲等多次采访刘丸及刘丸女儿刘瑞莲女士的记录。

2. 上海市新四军历史研究会第三师分会秘书长顾宪先生提供相关资料。

石 丽
长献此身做木兰

石丽在安徽泗县抗日民主根据地（摄于1943年）

石丽（1922年出生），女，安徽五河人；1939年参与创建淮北抗日根据地（隶属新四军第四师活动地区），1940年加入中国共产党；1941年在泗（县）灵（璧）睢（宁）开辟敌后抗日根据地，在泗县六区任妇救会主任；1943年任赵集乡党总支书记，除暴安良；1949年解放上海后，先后任上海市新泾区、大场区等区妇联主任；1980年从上海人民电器厂党委副书记岗位上离休。在百岁老战士联名给习近平总书记写的信中，她是十名签名代表之一。

石丽在青年时期有着超乎同龄人的眼界和胆识。在民族危亡之际，她告别亲人，勇敢地投身于伟大的抗日洪流中，几次与死神擦肩而过，锻炼了她钢铁般的意志。无论在战争年代还是在新中国建设时期，她身先士卒，以行动践行"长献此身做木兰"的初心。

青春常怀报国志，淮河巾帼赴革命

石丽 7 岁读私塾，后在界沟小学和上塘集小学读书。因此，她比同时代同龄女性眼界更宽、更容易接受新事物。

她回忆道："少年时期，我受家庭成员的影响较大，是他们把我引向革命之途。大革命失败后，中国共产党领导的土地革命在广大农村撒播种子。因参加农民暴动，我的两个舅舅在五河监狱被国民党杀害，表兄袁瑞生牺牲于南京雨花台，另一个表兄袁硕生也被捕入狱。1937 年卢沟桥事变爆发，中共党员袁硕生被释放回家，他在家乡传播'男女平等''耕者有其田''国家兴亡，匹夫有责''不当亡国奴'等进步思想，也将自己的信仰介绍给我。面对外敌侵略和政府腐败，爱国热血在我心中激荡。我立下志向，要像花木兰一样从军报国！"

1939 年初冬，中共泗县一区工作队进驻蒋吴庄村。中共党员王亚箴、余汉毓和袁民生等工作队员，动员追求进步、有文化的石丽参加抗日。18 岁的石丽耐心说服父母和家族成员，参加泗县一区工作队，投入到宣传抗日、动员

石丽（摄于 1948 年）

和组织群众的工作中。

石丽回忆："我在工作队受到党的教育，在思想上受到启发。在实际工作中，看到共产党员为民族解放不怕牺牲的革命信念，吃苦耐劳、艰苦朴素的工作作风，我就有了入党的要求。"1940 年 1 月，她在界沟集王圩子乡，经王亚箴、余汉毓介绍，正式加入中国共产党。为躲避日伪军的追捕，她将原名"蒋淑云"改为"石丽"；此时，她已与袁民生相恋，"袁民生"也改名为"石峰"。这对伉俪义无反顾地投身于争取民族独立、人民解放的洪流中。

1940 年 5 月，石丽和石峰离开家乡，参加皖东北区党委在半城刘圩子根据地的军政干部培训（内称"随营学校"）。培训班实行军事化管理，白天听报告上课，吃老米青菜汤，晚间睡稻草"大通铺"，还要时常躲避日伪军"扫荡"，却无人叫苦。石丽抓住培训班的学习机会，思想觉悟和知识储备上都有了明显进步。回到泗县后，她先后到一区、六区、七区、五北区和沱西区任妇联主任、妇救会长等职。妇救会的主要工作是宣传抗日、动员民众支前、在农村开展减租减息等工作。

当时，泗县一区形势严峻：一是县城已沦陷，日寇和伪军经常下乡"扫荡"敌后抗日民主根据地；二是地方顽固势力对共产党的活动非常仇视；三是一些农民不了解共产党，被敌伪散布的"共产共妻""男女混杂"等谣言迷惑，一见到共产党工作队进村就回避。

开辟根据地困难重重，参加村民会议的多是老人和孩子，石丽针对此想了很多对策。那时，党的干部队伍中女性很少。1942 年，泗（县）灵（璧）睢（宁）地区只有包括石丽在内的三名女工作人员，她们冲破传统，剪掉长发（已婚妇女盘发髻），在当地竟成了一道亮丽的风景线。群众好奇地称她们为"女八路""二刀毛"（无修饰的齐耳短发）。石丽按照党的"抗日民族统一战线"政策，"团结一切可以团结的力量"，对不同对象采取不同的工作方法，渐渐打开妇女工作的局面。

她常去老乡家里与老人谈心拉家常，相处融洽后再慢慢接触家中的年轻女性，宣传"男女平等"，"打鬼子、保家乡"等道理。对贫雇农扎根串连，访贫问苦；对同情抗日的地主、富农（开明绅士）家的妇女采取"认干娘""拜小姐妹"等方式建立联系；对于坚持反共立场，迫害农民的顽固恶霸势力，坚决打击。石丽先后动员了 5 名女青年参加区党委学习培训，4 名贫雇农青壮年参加泗西区武工小队。比如，张某是童养媳，公婆反对她出来工作。石丽多次做工作，和她一起去高粱地劳动，培养感情，然后带她参加学习培训。后来，张某成长为坚定的革命者。

刀尖起舞忘生死，碧血丹凝木兰魂

石丽参加抗日工作后，几次遭遇生命危险，但她将生死置之度外。1941 年 9 月，石丽调任泗县六区任妇救会主任。该区是敌我拉锯的边缘区，敌我顽各方势力都有，斗争形势非常严峻。她多次遭遇危险，与死神擦肩而过。

小魏圩子遇险

石丽到任后，区委派她带领 3 位女同志在六区扎根串连、访贫问苦，团结民众抗日。她们研究各村镇情况，一个村庄接着一个村庄奔波，发动群众抗日。一天傍晚，她们来到名叫小魏圩子的村庄，连夜召开村民大会，动员农民抢收麦子，支援抗日。一些村民受敌伪势力的威胁，不敢参加大会。石丽和战友、村里进步青年便高唱抗战歌曲来吸引群众参会。她勇敢走上台，慷慨激昂讲解共产党"减租减息""男女平等"的主张，宣传抗日救国、"不当亡国奴"的道理。会议结束已至深夜，3 人忍着饥饿，夜宿于开明的地主家。第二天拂晓，日伪军突然包围村子。入睡不久的石丽被密集的枪声惊醒，听见外面传来"抓女八路！"的吆喝声。

敌情不明，情况紧急，她们在房东帮助下，站在凳子上，人顶人翻过后院墙头，跑到附近一户佃户家草屋里。这家老爷爷让她们躲藏在床下。附近村民匆匆赶来，拿着菜刀、镰刀和锄头，与敌人拼命。在群众的帮助与掩护下，石丽等人转危为安。天亮后得知，村里有个汉奸告密，石丽的1个战友和2个村民被抓，乡队的几条土枪被搜走。石丽轻描淡写地说："区委的领导说，你们是死里逃生。这是我第一次与死亡近距离接触。经此一遭，我在心理上迅速成熟起来，革命斗志更加坚定。"

遭遇潘塘乡兵变

1942年春，石丽奉命去潘塘乡协助统一战线工作。统战对象是"马回子民团"，这是一支国民党杂牌军，驻扎在潘塘崔庄乡。经过上层统一战线工作，民团头领愿意"反正"，接受共产党领导。县委和区委决定召开群众大会欢迎民团，由石丽代表各群众组织在会上讲话。上级党组织又提醒她，这支队伍思想不稳定，上层做通了工作，但下层工作未做好，仍需保持警惕。

为争取抗战力量，石丽毅然参加欢迎大会。民团头目有意制造紧张气氛，给石丽她们一个"下马威"。他们在会场门口架着机枪，民团头目匪气十足，对石丽爱理不理；几个民团兵阴阳怪气地大声挑衅："黄毛丫头，还给我们做报告。"石丽毫不理会，对他们宣传"国共合作"的抗日民族统一战线。

当晚，为防不测，大会结束后，石丽和当地乡、村干部转移至较远的小王庄住宿，但心里一直忐忑不安。下半夜潘塘乡民团发生哗变，他们听到枪声和狗犬声。次日一早，石丽与乡长再去会场察看，发现民团已经撤走。团部的屋里墙角，屋外地上，躺着多具地方干部的尸体。石丽又躲过一劫！

经历"三十天反'扫荡'斗争"

1942年冬，泗县日伪军对淮北抗日根据地进行33天大"扫荡"，实行"三光"政策。石丽和战友们进行了艰苦卓绝的反"扫荡"斗争。

石丽回忆："反'扫荡'的游击生活极其艰难，发下来的冬装，白天是棉袄，夜晚当被子盖。我们常食不果腹，有时三天喝不上一口粥。住无定居，只能睡稻草铺，或者借住亲戚家、可靠的贫雇农家和开明绅士家，永远也不知道明天会住在哪里。每个女同志都要准备一条黑毛巾，若遇紧急险情，可以包在头上化装成百姓。

"不久后的一天，我们在泗县小张庄组织农民支前，突然接到敌人快进村的情报，我和工作队员打起背包，随队迅速离村。此时，敌人包围圈逼近村东头，武工队战士进行阻击，小钢炮声和机枪声大作，到处是老百姓呼叫声和马匹毛驴嘶叫声、犬吠声，村内外乱成一片。我们准备随时被捕和牺牲，边打边撤离。我亲眼看见一位武工队小战士被炮弹炸死在壕沟里，只能强压悲伤与恐惧，转身带领大家突破包围。在突围中，我和战友叶枫被冲散，裹上黑毛巾化装成老百姓，顺着水沟向泗阳方向跑。夜晚我也不敢进村，疲惫不堪，只能在田沟里打盹。

"一天晚上，我们误入泗阳县的敌伪据点炮楼下。伪军听到狗叫，用电筒照射，大声喝问：'什么人？'我还算镇定，鼓起勇气回答：'自己村走亲戚的'，与敌人周旋。……历尽千辛万苦终于成功绕过封锁线，凌晨在一个小村子见到新四军《拂晓报》社记者，我们找到了县委机关。"

投身于抗日战争那一刻起，石丽便已将生死置之度外。经历了与敌人无数次交锋后，当年那个效仿花木兰从军报国的姑娘褪去了稚嫩与脆弱，年少的热血经过沉淀，化作碧血丹心，在一次次舍生忘死、与烽火硝烟为伴的战斗中成长为一名坚强的共产党员。

以身作则搞土改，历遍坎坷守初心

为人民谋幸福、为中华民族谋复兴是中国共产党的宗旨。人民利益高于个人利益是石丽开展群众工作时坚持的原则。

减租减息是建立抗日民主根据地的首要工作。然而，石丽在家乡开展土改工作初期却频频受挫。很多地主、富农不愿减租减息乃至出让土地。石丽决定以身作则，先从自家做起，鼓励更多村民参与到减租减息的运动中。

石丽说："父亲12岁患眼疾，双目失明，靠祖上留下的一些土地收租及平日给人算命为生。若收走父亲赖以为生的土地，无异于收走他半条命，家里日常生活也会更加艰难。可是为了能够顺利开展工作、支援前线抗战，我多次用民族大义劝说父亲，响应抗日民主政府号召，对贫雇农减租、减息、退地契。父亲深明大义，就像当年我劝说他同意我参加武工队打日本那样，他最终答应减租减息。这个事情传开后，在当地农村产生很大反响，有力推动了周边村镇减租减息工作，我也因此得到群众的认可与支持，并受到区委、县委表扬。"

1943 年秋，石丽因工作出色被调至泗西区赵集乡任党总支书记，肩上的担子更重了。泗西区原是敌占区，敌我斗争形势复杂，日伪势力强，动员群众阻力大。石丽挨家挨户动员，组织群众支援前线，积极配合泗西区武工队的游击活动。一些群众怕工作队离开后地主会报复，心有顾虑。农民白天实行减租，在地主威胁下，晚上就背着粮食送回地主家。石丽在赵集乡访贫问苦中，一个老太太向她倾诉了家庭的悲惨遭遇，儿媳被地主奸污，儿子惨遭杀害。石丽抓住这个典型召开群众诉苦大会，受迫害的农民纷纷勇敢站起来，揭露恶霸地主的种种罪行，一致要求民主政府为百姓做主："杀人必须抵命！"经上级批准，他们枪决了当地的恶霸地

石丽在参加皖北区党委整风学习时，留影（摄于 1945 年）

主，为民除害，大快人心。反霸斗争广泛动员了群众，震慑了顽固势力，也巩固了抗日民主政权。

1945 年 3 月，石丽再次参加淮北区党委组织的地方干部轮训学习。结业后担任泗县妇救会副主任、妇委书记。当年 12 月，她代表泗县妇救会赴江苏淮安根据地，参加华中群工大会，与会人员是各县工青妇的负责人。她认真听讲了邓子恢、张鼎丞、谭震林、刘瑞龙等领导同志的工作报告，与各地区代表交流工作，还见到周恩来的婶母。石丽备受鼓舞，工作更加投入。

北撤山东路坎坷，渡海东北跟党走

1945 年 8 月，日本宣布投降，中国取得抗战胜利。然而第二年，国民党悍然发动反共反人民的内战。根据中共中央华中局的战略部署，安徽淮北根据地干部向山东撤退。在一路北撤的过程中，石丽又经历多次死里逃生，淌过泥泞与坎坷，淬炼出坚不可摧的意志。

当时，石丽已怀孕数月，正在蒋吴庄家中休养。收到地委北撤山东指示后的次日，她和丈夫石峰天蒙蒙亮就收拾行装，冒雨离家。石丽行走不便，为了能在规定时间内去 40 里外的泗县七区地委集中，她借来一头水牛坐在牛背上，忍受颠簸，穿过雨季泥泞的道路和坎坷的水沟田埂，赶到地委轮训；然后，跟随七分区干校的部分干部及家属向山东方向行军，经江苏泗阳、溧城，进入山东郯城。

石丽与丈夫石峰在八达岭长城（摄于 1992 年）

行军长途跋涉，历尽苦难，国民党围堵、飞机轰炸亦是常事。一次，队伍在山东境内名叫周庄的村庄住下。中午时分，石丽和其他家属正在树下洗衣，一架敌机突然出现，进行低空扫射，子弹与她擦身而过，击穿了她身旁的水桶。

1947 年 6 月，石丽带着两个出生不满半年的婴儿随大队家属前往东北。路途遥远，海上有国民党军舰巡逻，空中时有敌机侦查袭击，地面有国民党军队围追堵截，十分凶险。大家化装成逃难的老百姓，从胶东离岛和石岛两次渡海未果，第三次才从荣城坐上机帆船北渡渤海。深夜的海面伸手不见五指，气候寒冷，浪花飞溅。风浪中船身上下颠簸，石丽头晕目眩，单薄的身体裹在湿透的棉衣中瑟瑟发抖，她咬牙抱着两个孩子，没有喊一声苦。上岸后，石丽凭借顽强的意志，一路随队前往辽宁省区党委所在地瓦房店报到。

遍历坎坷到达东北后，石丽被任命为辽宁岫岩县机关总支书记，负责宣传党的思想和政策。她常常深入基层，与乡镇干部一起谈形势、学政策，发动群众参加土地改革，建立和巩固民主政府，与当地干部群众结下了深厚情谊。

石丽（摄于 2021 年 7 月 1 日）

在新中国成立后，石丽先后在新泾区、大场区、吴淞区任妇联主任、梅陇公社任党委副书记，她虽是 6 个孩子的母亲，但响应毛主席"妇女能顶半边天"的号召，在工作上巾帼不让须眉，精益求精，在不同的岗位上都取得优秀业绩，受到上级表彰，彰显新四军老战士的风范，把铁军精神发扬光大。

百岁新四军老战士石丽经历了枪林弹雨的战争年代及中华人民共和国建设时期的风风雨雨。面对战争，无惧生死地同敌人战斗；面对改革，不知疲倦地为国奉献，在她的身上真正体现出新四军的铁军精神。

我们采访那天，石老因肠胃病在医院住院，身体十分虚弱。她激动地说"总书记的回信是对我的极大的安慰",配合完成了一个多小时的采访。我们从石老的奋斗经历中切身感受到她由内而外的革命英雄魅力。她的每一句话都掷地有声,让我们心灵受到震撼:"我是一个普通的老共产党员,在党的教育下,从一个追求理想的农村普通姑娘成长为一个党的干部,回首往事,百感交集。要不忘初心,发扬革命传统,永远跟党走,将革命传统一代一代传下去!"

身处新时代的我们,应该以石丽先辈为榜样,在建设中国特色社会主义的伟大事业中,不忘初心,牢记使命,用红色的铁军精神激励自己,努力奋斗,攻坚克难,不断前进。

任　欣　　上海交通大学 2020 级本科生
金何晞

资料来源:

1. 2021 年 2 月 22 日张玲等采访石丽的记录,多次采访石丽次子袁皓先生的记录。

2. 袁皓先生提供石丽自传《难忘的岁月》,袁皓所著《我和我家》《我的母亲》。

虞鸣非
名震四方的"女武工队长"

虞鸣非（1922 年出生），女，浙江慈溪人；1944 年 2 月，作为当地第一个读书的女孩参加新四军浙东纵队活动地区的宣传教育工作，同年 7 月加入中国共产党。解放战争时期，奉命到上海烟厂从事党的地下工作；1947 年重返四明山，组织和领导游击队，任大岚区委副书记兼区长，参与组织武工

虞鸣非（摄于 1949 年）

队；新中国成立后支援上海工业建设，在多家企业任职；1983 年在上海第十四棉纺厂党委副书记岗位上离休。她是给习近平总书记写信的 46 位百岁老战士之一。

　　她本是温婉秀丽的江南女子，在中华民族面临亡国灭种危险之时挺身而出，成长为手持双枪、威震四方的

武工队队长。

镇里第一个读书的女孩加入中国共产党

虞鸣非说："我的家乡在浙江慈溪观海卫古窑浦。父亲出身贫寒，但吃苦耐劳。他年轻时被有钱人雇去围海造田，每围成一片田可从中分得一份；到了中年，他挣得不少滩田，开起了酒坊，经过多年辛苦经营，成了当地富户。"家庭给虞鸣非提供了优渥的生活，虞父颇有远见、非常开明。她年纪稍长，父亲送她读私塾，后又直接转入新式学堂插班读四年级。虞鸣非颇为自豪地说："我的父亲，眼光不同，思想不同，男女要平等的，所以小姑娘也要读书的。我是古窑浦远近 300 多户人家中第一个读书的女孩！我念过书、有文化，这为我后来参加革命工作打下了良好的基础。"

虞鸣非富足平静的日子被日寇入侵打断了。1941 年4 月，侵华日军发动宁绍战役，国民党军队 10 余万人溃败，绍兴、镇海、慈溪、余姚等城镇相继沦陷。由中国共产党领导、原在上海周边地区活动的浦东游击武装，于该年 5 月渡海南下登陆三北地区（即镇海、慈溪、余姚三县在姚江以北），开辟三北敌后抗日根据地，番号"三五支队"。6 月 18 日，三五支队在相公殿首战伏击了日军一支 36 人的队伍，毙伤日军 16 名。这场战斗震动了三北大地。三五支队旋即进驻虞鸣非的家乡观海卫古窑浦，在当地成立了办事处。

1942 年 7—8 月间，中共浙东区党委和三北游击司令部先后成立，谭启龙任书记，掀起了发动群众、组织群众、武装群众及建设浙东敌后抗日根据地的高潮。此后，上海地下党组织多次组织游击队从浦东南下浙东，古窑浦即为登陆点之一。

其时，有两位中共女干部住进了虞鸣非的家里。她们发现虞鸣非有文化，明白事理，充满强烈的爱国热情，便有意识地带着她一起办识字班、组织妇女抗敌协会、发动群众做军鞋、动员群众参加新四军等工作，还辅导她学习《大众哲学》《生活周刊》等进步书刊，培养其思想觉悟。虞鸣非在女干部们的帮助下提高了思想认识，萌生出与她们一起打鬼子的念头。

那时，三北地区的抗日斗争的形势尖锐复杂，中共党组织处于地下活动状态，参加抗日就意味着出生入死。虞鸣非知道，父亲虽然开明，但绝不会同意女儿去冒生命危险。她两次离家出走，才终于参加革命。第一次，她事先将衣物整理好，偷偷放到别人家里，以到河埠头洗雪里蕻菜为名逃走。谁知，父亲第二天竟找到区里交涉，区委书记因做不通虞父工作，只好叫她暂时先跟父亲回去。

1944 年春天，父亲催着 22 岁的虞鸣非嫁人。当年夏天，虞鸣非以走亲戚看望阿姨为借口，带着受她影响、同样追求进步的妹妹和侄女，来到浙东抗日根据地。虞鸣非被分到东埠头的教师学习班，妹妹和侄女到鲁迅学院学习，三人就此参加了革命。

根据地文化人少、女干部少，有文化的女干部更是凤毛麟角。积极能干、追求进步的虞鸣非很快得到党组织的重用。直到此时，她才知道新四军和共产党。"（领导）宣布我们是共产党领导的部队，我这才知道这部队是共产党领导的队伍，这部队好，这里人好。"

1944 年 7 月，虞鸣非光荣地加入了中国共产党，并担任观城区地下党文教支部委员。她以小学教师身份为掩护，组织全区教师进修，从教师和学生中培养积极分子，发展党员，陆续输送一批批骨干到四明山新四军浙东游击纵队。

到上海从事地下工作

"一切行动听党指挥！我参加新四军、加入中国共产党后牢记这一条。"1945 年，虞鸣非被派到观城镇做民运工作。做好民运工作，必须与群众打成一片。她经常组织召开群众大会，没有现在常用的麦克风，她就扯着嗓子、慷慨激昂地讲新四军打败日本鬼子的英勇事迹，鼓舞群众的抗日信心。时至今日，已是百岁老人的虞鸣非依旧声音洪亮，说话字正腔圆，就是那时练就的功底。

抗日战争胜利后，经国共双方重庆谈判，中共决定撤出在江南的根据地。1945 年 9 月 30 日，新四军浙东纵队司令员何克希、政委谭启龙分批率队北撤。虞鸣非被编入北撤大队，但临行之际她突然高热不止，无法随队行动。县委领导考虑到她在慈溪已暴露身份，为了她的安全，决定将她转移到上海，从事党的地下工作。

到上海后，组织安排她到杨树浦一家由地下党组织创办的工友义务夜校从事学生运动。1946 年 6 月 23 日，上海举行反内战大游行，她是校内联络员，组织徐英、江震等一批进步青年参加了游行。在虞鸣非引导下，这些夜校学生先后都参加了革命队伍。

接着，虞鸣非又奉命打入工厂，从事工人运动，先后到南翔、闸北、小沙渡等几家烟厂工作。在工厂，她与工友们打成一片，虚心向他们讨教，不仅熟练地掌握了包装香烟的技术，而且了解到上海底层工人群众渴望翻身解放的迫切心理。虞鸣非经常向工人宣传只有共产党才能救中国，只有团结起来同国民党反动派斗争，才能推翻三座大山、才能当家做主人的革命道理，并团结大批工人群众为争取自身解放而斗争。这段经历，为她在新中国成立后从浙江支援上海工业建设打下了工作基础。

虞鸣非（左）在工厂时与姐姐合影（摄于 1946 年）

重返四明山

　　1947 年 3 月，因华中局联络部一位单线联系人被捕，虞鸣非中断了与上海地下党组织的联络。她设法与北撤时留在浙东敌后坚持斗争的中共四明工委取得联系，获悉四明山区迫切需要干部重建武装，发动群众，恢复游击根据地。于是，虞鸣非与徐英联系，迅速组织了一批青年工人和学生，分两路回到浙东。

　　虞鸣非被分配到四明山中心区，化名洪菲，在县委书记朱之光领导下，先后担任佐溪乡党支部书记和大岚区委副书记兼区长。她临危受命，服从组织安排，带领全区干部深入山村发动群众，由点到面建立各乡农民武装，在此基础上组成区武工队。在国民党军四面"围剿"的恶劣环境下，武工队钻山岙，睡草棚，吃野菜，和当地民众一起艰苦斗争。

　　虞鸣非腰插手枪，英姿飒爽，一身正气。老百姓口口相传，都说大岚山来了一位当年是新四军武工队的女队长，能文能武，双手使枪，枪法百步穿杨，飞檐走壁。有人将她的事迹编成故事和小调，在四乡八邻传播。一个小调这样传唱："洪菲原是新四军，能文能武有威信，双手持枪有名声，大岚山上显威名。"当时她还组织了"复仇队"，任副指导员，不久就把这支队伍送去主力部队。

　　在白色恐怖、形势严峻的蒋介石老家，面对国民党军警的围追堵截，虞鸣非带领武工队声东击西，坚持战斗在四明山区。他们有时不得不寄住在百姓家里暂避危险，即便在最艰苦、最危急的时刻，战士们都严守铁军的严明纪律，坚持"令行禁止、秋毫无犯"，取用群众的物资都会如数奉还。虞鸣非回忆起这段往事时说道："到处都是敌人的碉堡，老百姓让你在家里住下。当你啥，当你宝贝啊。因为我（们）是党员。共产党是真的为老百姓好。牺牲多少人啊，没有怨言。宁可牺牲，不要被俘。"

在黎明前最黑暗的时刻，凭着革命必将胜利的坚定信念，虞鸣非终于迎来了新中国的成立。

1952 年，虞鸣非黄连夫妇响应国家号召，被抽调到上海支援工业建设，她主动要求到基层工作。"去的人统统分配到工厂。就是要把上海的工厂建设起来，再发展到全国的。到一个地方就把它搞好，这就是共产党的力量。共产党像太阳，真的，照到哪里哪里亮。共产党就是有这个本事。"这是百岁老人发自肺腑的声音。

虞鸣非（摄于 2021 年 7 月庆祝建党 100 周年）

虞鸣非与丈夫黄连（摄于
1962 年）

　　1922 年至今，虞老已历经百年风雨。镇里唯一的会读书的秀气姑娘，在救国救民的时代大潮里，成长为文武双全的双枪女将。她把共产党为国家为人民奋斗的宗旨和新四军的铁军精神融入血液中，永怀家国情怀，永存对党的感恩之心，为党和人民的事业忘我奋斗，不计名利和职位，令人感佩。我们采访她学习习近平总书记给新四军老战士回信的感受，虞老十分高兴地说："我反复阅读，深受鼓舞与感动。作为有 77 年党龄的老战士、中国革命的亲历者，我见证了中华民族在党的领导下，从站起来、富起来、到强起来的历史过程。今天的幸福生活来之不易，没有党，就没有新中国，就没有我的今天。我一定遵循习总书记的嘱托，不忘初心，牢记使命，传承红色基因，发扬党的光荣传统和优良作风，讲好党的故事，搞好'传帮带'，使党的事业代代相传。"

　　采访之时，听着朴实而亲切的宁波方言，字字饱含真切情感，我等亦将沿前辈之脚印，继承弘扬新四军铁军精神，为实现中国梦、实现中华民族伟大复兴奉献自己的全部力量。

董文韬
蒋　伟　　上海交通大学 2020 级本科生

资料来源：

1. 2022 年 1 月 18 日、2 月 22 日，张玲采访虞鸣非老同志及女儿黄晓岚女士的记录。

2. 上海新四军历史研究会学术分会办公室廖方民同志、浙东分会秘书长吴江凯等同志提供有关资料。

王静生
未惜头颅新故国　甘将热血沃中华

王静生（摄于 1949 年）

王静生（1922 —2021），男，安徽定远人；1944 年 4 月在滁县参加抗日工作，任定滁县时新乡政府助理员，该县是新四军第二师的活动范围；1945 年 5 月加入中国共产党，先后任定滁县永安乡、艺河乡副乡长；1946 年 9 月随部队东撤至山东，在山东总兵站直属兵站临时支前；在华东兵站部任第三兵站处第四中站站员，参加孟良崮战役；中华人民共和国成立后，长期在上海市工务局工作，1982 年从市政工程管理局综合管理处处长岗位上离休。他是给习近平总书记写信的 46 位百岁老战士之一。

王静生老同志听说我们想知道他当年为何参加新四军、加入共产党时，顿时精神抖擞。他说："我从一个

'大龄小学生'成长为坚定的革命者，是党的培养；我参加革命的初心就是跟着新四军、共产党走。没有共产党就没有新中国，也没有我王静生！"

"新四军来到家乡，我找到了领路人"

王静生的青少年时期，经历了北洋旧军阀之间、国民党新军阀之间的混战，各派势力为了争权夺利把国家搞得乌烟瘴气，民不聊生。王家原本是富农之家，但也与无数农民家庭一样，在战乱中苟延残喘；王静生 16 岁时，新四军来到他的家乡，他才开始接受初小教育，是个不折不扣的"大龄小学生"。

"我读小学时，中国全民族抗战已经爆发，新四军来到我的家乡定远县，抗日救国成为全校师生议论的主要话题。'皖南事变'后，新四军在盐城重建军部，在江浙皖鄂豫五省及交界处逐步建成七个师。其中，淮河以南、长江以北、津浦铁路两侧地区的新四军江北指挥部及其所属部队，编为新四军第二师，新四军副军长张云逸兼任第二师师长，第二师在我家乡开辟了淮南抗日敌后根据地。"王静生回忆："我的任课教师经常在课堂上介绍共产党和新四军，宣传中国共产党的抗日政策，宣传新四军官兵打击日伪军的事迹。我看到新四军官兵帮助老百姓生产，耕地、收割等，甚至为我们打扫庭院、挑水劈柴。我觉得这支部队了不起，一定要参加新四军抗击日本鬼子！"

在老师的引导教育和新四军官兵亲民爱民作风的感召下，王静生决心要加入新四军，赶走日本侵略者，解放全中国。"新四军来到家乡，我找到了领路人！"1942年，王静生小学毕业后，随即参加新四军，从事地方工作，在定滁县时新乡任助理员，投身到抗击日本侵略者的爱国洪流之中。

警觉终察险，勇敢退顽敌

淮南敌后抗日根据地充满着抗日活力，由于日伪顽环伺，斗争形势严峻。1944年，新四军第二师连续向日伪军发动攻势作战，相继攻克来安县雷官集、六合县瓜埠镇、凤阳县殷家涧等日伪据点，袭入盱眙、定远县城，粉碎日伪军两度对津浦路西定远县根据地的"扫荡"，并在六合县程驾桥附近设伏，歼灭日伪军200余人；11月，粉碎日伪军7 000余人对路西抗日根据地中心区的"扫荡"，又在定远西南占鸡岗反击国民党顽军的进攻中获胜，进一步巩固了淮南抗日根据地。1944年底，王静生在安徽定合县张桥区永安乡担任副乡长，该乡在新四军二师淮南根据地的最边缘，与日伪隔河相望，是"边缘区"。乡公所是一座平房，为了安全起见并及时了解敌情，旁边建造一个三层炮楼。

一天，乡公所其他同志外出执行任务，只有王静生一人守在二楼，办公室里存放了一些手榴弹。突然走上来两个人假装和王静生聊天，其实是打探乡里其他人的去向。王静生觉察他们意图不轨，听到他们对话里有"活捉"两个字，感到情况非常严重，他认识其中一个人是地方武装的"自卫队长"，一个是"神枪手"。王静生立即拿起一枚手榴弹并把拉环扣在手里，心里已经做好同归于尽的准备。两人一看，知道自己行为已经暴露，就灰溜溜地走了。

晚上，王静生向乡领导报告，党组织决定当晚在这个"自卫队长"家里设埋伏。果然，"自卫队长"回来了，乡公所秘书对其大喝一声："谁？""自卫队长"觉察到苗头不对，立即回头想溜，秘书一枪把他撂倒。此后，乡公所再没遭到敌伪顽暗探的侵扰。

淮南抗日根据地边缘地带的情况非常复杂。乡公所前任乡长是王静生的老师，遭敌人埋伏，与乡公所十几个工作人员一起牺牲。可见斗争之残酷。组织上派王静生就任副乡长，风险和责任都很大，但是王静生警惕性很高。他若没有沉着冷静地分析来者的语言与意图，没有与敌人同归于尽的勇气，这次事件就一定会对我方造成损失。1945 年，经过对敌斗争的考验和洗礼，王静生光荣地加入中国共产党。

机智用妙计，冷静过哨关

抗战胜利后，国民党不顾民意撕毁和平协议，发动反共反人民的内战，于 1946 年 6 月大举进攻共产党的解放区，新四军被迫向北撤退至山东。上级要求乡干部都要化整为零，设法从津浦路西转移到津浦路东。但沿途经过的城市、公路主干道路口和铁路道口都有国民党重兵把守，王静生他们想要在强敌眼皮底下直接经过非常困难。

王静生和另一干部杜德先计划混在有一位熟识盐贩的挑盐队伍里，借机转移。在通过敌人把守的铁道口关卡时，王静生与战友机智地用锅灰把脸抹黑，穿着破烂衣服，装扮成穷苦农民，成功地躲过了国民党官兵的搜查，穿过了封锁线。

"从家乡出发，前往山东大李庄，这段路程按现在的国道长度计算，400多公里。为了逃避国民党追捕，我们所走之路多是偏僻崎岖小路，时值寒冬时节，忍饥挨饿地长途奔波，走到淮阴时，我病倒了。"要不要继续前进？王静生回忆当时的心情："遇到再大困难我也知道要跟党走，党指挥转移到什么地方，我们就到哪里！"他设法找到当地党组织，被安排在牛车上，一路颠簸到山东解放区，在兵站工作。无论环境多么恶劣，王静生都听从党指挥，信念坚定。

生死置度外，冒险送物资

提起孟良崮战役，王静生老战士声音低沉了。他说："人民军队在武器装备落后的情况下，硬是把国民党七十四师这支王牌军消灭了，但我军也付出了很大的代价。"孟良崮战役期间，在兵站站长张凯带领下，王静生和10多位支前同志为前线运送物资。突然，一架敌机飞过来，对着他们猛烈扫射，子弹擦着耳边呼啸而过，射到地面上尘烟四起，幸而没有人被打中，惊险万分。

王静生回忆，他们之所以能逃过一劫，是因为当时手里没有拿枪，敌机飞行员没有把他们当成正规军，所以没有瞄准扫射，不然，飞机居高临下，很容易射杀王静生一行人。即使处于生死关头，王静生也没有惧怕和退缩，依然奋不顾身地为前线运送物资。

淮海战役期间，王静生在华东野战军兵站工作。一次，他带着兵站同志为大部队开路，前方被一条河流挡住，水上没有桥。当时寒风刺骨，他挺身而出，带头下水，其他人和群众纷纷下水，一座木头桥很快搭建起来。避免了部队在刺骨寒冷中蹚水过河。

王静生身为党员，时刻牢记"听党话，跟党走"的入党初心。回忆起往昔的峥嵘岁月，他声音苍老却充满坚定："不要怕危险，要想革命就不能怕牺牲，怕牺牲就不能革命。"

王静生（摄于 2021 年 7 月）

　　王静生老战士曾多次面临死亡的威胁，但始终保持着铁的信念和对党的信仰，早已将自己的生命与党、祖国和人民联结在一起。无数像王静生一样的新四军老战士，都是抱着"未惜头颅新故国，甘将热血沃中华"的决心。"我们今天的一切，都是革命烈士用鲜血换来的。"我们对这句话都很熟悉，通过采访王老，我们更加深切地理解了这句话的内涵。

　　当年的新四军老战士早已完成了时代赋予的使命，如今，实现中华民族伟大复兴的接力棒传到了我们新一代年轻人手中。王静生老战士以及无数新四军战士是我们前进道路上的学习榜样：要有"亦余心之所善兮，虽九死其犹未悔"般的坚贞不屈；要有"待从头，收拾旧山河，朝天阙"般的赤胆忠心；也要有"莫嫌荦确坡头路，自爱铿然曳杖声"般的素怀初心；要将铁军精神刻入我们的骨髓之中，让红色基因融入我们的血液中。我们要让生命的意义在实现中华民族伟大复兴中国梦的征程中无限延展。

陈星晗

陈赵巍　上海交通大学 2020 级本科生

资料来源：

1. 2021 年 2 月，张玲采访王静生及女儿王海平女士的记录。

2. 上海市新四军历史研究会第二师分会秘书长林致成及市会学术
   分会办公室廖方民接受采访并提供资料。

王静生　未惜头颅新故国　甘将热血沃中华

石 刚
铮铮铁骨 英雄气概

石刚（摄于 1949 年）

石刚（1924—2022），男，江苏泗洪人；1940 年 6 月加入中国共产党，同年进入山东军政干部学校学习，后参加新四军第四师司令部宣传工作；1948 年参与并指挥车门山战斗；1952 年转业至上海，任中学校长达 20 年；曾任上海市普陀区体委副主任、党组副书记（主持工作），兼任上海市足球协会副主席。

爱较真的人能在大是大非面前坚守原则，维护公平正义，成就令人瞩目的事业。对于共产党人来说，"较真"是实事求是，是无私无畏，是敢于担当。新四军老战士石刚的故事，诠释了"世上无难事，只要肯攀登"的"较真劲儿"，体现了铁的意志。

学英雄改名立志，为抗日参加共产党

石刚原名石学政。他的家乡坐落于自开封而出的八百里汴河堤岸上，南邻洪泽湖，北依古青阳，名为泗洪石集乡。石学政的家是佃户，一家人种着地主的土地，每天辛苦劳作。他11岁时，父母借高利贷供他读书，期望儿子将来做个保长或者小学教师，安稳度日，不用像他们一样辛苦。如果不是抗日烽火陡然燃起，石学政也会和祖辈、父辈们一样，在这片土地上辛苦劳累地度过一生。

1940年，石学政15岁，在私塾读了5年书。同年10月，中共皖东北地委和专署（后改为淮北苏皖边区党委和行政公署）建立，先后设置了泗南、泗阳、洪泽等敌后抗日民主政权。石学政的家乡已是淮北抗日根据地的中心，这片富庶之地多次遭到日寇掠夺。

1940年5月，正在私塾学习的石学政听到一个令人悲愤、震惊的消息：在家乡宣传和组织农民抗日的女英雄喻尊霞，因被地主告密被捕。日寇对她严刑逼供，但她坚贞不屈，被残忍杀害！牺牲前，她挥笔写下"打倒日本帝国主义，中国共产党万

女英雄喻尊霞

岁"的壮语，当时，她年轻的生命只有 20 岁。

时隔几十年，石老谈及喻尊霞，仍充满敬佩之情："她是淮北青阳镇（今泗洪县青阳镇）人，于 1939 年在泗县加入民运工作队，同年加入中国共产党；1940 年跟随民运工作团来到我家乡陈集乡的袁圩村工作。她口才很好，有一副金嗓子，擅长演讲和唱歌，宣传抗日救亡的道理，揭发国民党政府及地方土豪劣绅敲诈勒索民众的罪行，影响很大，十里八乡的老百姓都喜欢她。"

石学政亲眼看到凶恶的日本侵略军骑着战马、拿着刺刀杀害无辜同胞的场景。他怒火胸中烧，民族正义感和反抗意识油然而生。石老说："民族英雄喻尊霞的英勇牺牲对我刺激很大！日寇侵略，国民党持枪征税、压迫打骂百姓，我不能坐视不理，应该挺身而出，为这个国家做一点什么。"在国共两党之间，他毫不犹豫地选择了共产党。

石学政找到泗南县抗日工作团，强烈要求加入中国共产党。填写入党志愿书的时候，他把名字"石学政"改成了"石刚"，以示"刚毅"的抗日决心。他还清晰地记得当时入党的情景："我与教导员、两个农民党员，在僻静的河边草棚里举行入党仪式，宣读入党誓词，气氛庄重，我感到肩上的重任。随后，教导员带我到泗南县青阳镇，给我一封赴山东抗日军政干校学习的介绍信，送我北上培训。"这个成立于 1938 年 6 月的学校，是中国共产党培养政治、军事和财经等方面干部的摇篮，誉满苏鲁豫皖边区。

石刚回到家，向家人表明志向。"父亲没说什么，他对我是支持的。但是我的母亲坚决不同意，她让嫂子把我前一天晚上收拾好的包裹藏了起来，整整藏了三天。"母亲的眼泪让他难过，却动摇不了一位抗日战士的心。"铁锁也锁不住我。"石刚还是毅然决然地踏上了抗日救国的征程。

历经多次反"扫荡"斗争磨练，抗日意志愈坚

基于对日寇残杀同胞的义愤，石刚拿着抗日民运工作团的介绍信来到八路军军政干校，学习了半年的军事、政治知识，还持枪练武，打下了坚实的应战基础。石刚回忆说："我印象最深的是军事教官孙刚。也许是两人姓名中都有一个'刚'字，孙教员格外喜欢我。我在孙教官的指导下，学习了如何扔手榴弹、如何隐蔽自己消灭敌人、如何抢占优势地形等军事知识和技能。"

从军校毕业不久，石刚被分配到新四军四师司令部宣传队，成为一名宣传队员。在几次反"扫荡"斗争中，他从胆小的少年逐步成长为铮铮铁骨的抗日战士。

石老回忆，日寇第一次"扫荡"家乡时，他心里很害怕；经过训练和党的教育，他在后来的几次战斗中快速成长起来，把对日寇的恨转变为寻找抗敌的勇气，抗日斗志愈来愈高昂。

"1940年中秋节，双沟镇遭日寇金子石夫所部三四百人及伪军百余人进犯。日寇包围了双沟镇，用机枪扫射民

众后，又纵火焚烧民宅。一时间，全镇尸横街巷，四处火海，哭喊声不绝，惨不忍睹。残忍的日伪军杀害无辜平民600多人，烧毁房屋3 800多间，伤者无数，酿成'双沟惨案'。我对日寇更加仇恨。"

"两个多月后，日寇对淮北发起第二次大'扫荡'。日寇40多辆汽车轰隆隆地长驱直入，横冲直撞。我所在的司令部宣传队被突然袭击的日寇冲散了，我就跑进一位老大娘的家里，老大娘知道我是新四军，便急忙告诉我日寇的汽车马上就要到了，让我赶紧向西南方向跑。我在奔跑中遇到了一个妇女，此时，日本兵已经到了面前，躲是来不及了，我竭力稳住加速的心跳，平静地和那妇女站在路旁，日本兵朝我俩看了又看，好在我身着便衣，又是孩子模样，于是放过了我们，是根据地的老百姓救了我。"

石刚彼时在车门区担任区委组织部部长。"在又一次反'扫荡'中，我所在的区委按上级部署在当地坚持武装斗争。我们凭着地利人和，与日伪周旋，配合新四军灵活游击，一直坚持到日伪军撤退。在这次反'扫荡'中，新四军第四师进行了37次战斗，赢得了反'扫荡'斗争的彻底胜利。其中，打了几个漂亮仗，如火烧马公店，用汽油撒在几十只鸡身上点燃火，鸡被烧得狂跳到日寇占领的房子里，烧死了50多名鬼子；在泗县城以东屠园圩、马公店等战斗中，歼敌180余人；在埝路口战斗中，俘伪军100余人。日伪军连遭重击，只得从青阳镇、马公店、金锁镇等据点撤退。"

"12月8日夜，26团袭击了青阳日伪军。12月9日夜，日伪军集中上千人在朱家岗把26团包围并在拂晓发动进攻。此时突围已无望，只有坚守。26团打得非常惨烈，团里有一个小鬼班都是十几岁的孩子，打得非常英勇。经十多个小时激战，日军伤亡280余人但仍未撤围。紧急时刻，9旅旅长韦国清率骑兵来增援，敌军只得趁夜仓皇溃逃。我们牺牲了72名战士，日伪军死伤了100多人。这次战斗奠定了反"扫荡"胜利的基石。"

爱较劲的石刚在历次反"扫荡"斗争中增强了抗战必胜的信心，从一个胆小少年成长为有胆有谋的爱国勇士。他对冯雪峰师长一直充满敬佩之情，曾多次撰文怀念。

车门山战斗尽显铁军本色

忆往昔峥嵘岁月稠。石刚最难忘怀的是1948年的车门山战斗，他与死神擦肩而过。车门山战斗是泗南县地方武装力量配合华东野战军作战的一场胜利之战，这次战斗解放了青阳镇，为淮海战役提供了后勤支援。

1947年11月16日，华东野战军三纵队由豫皖苏解放区东进，越过津浦铁路，一举攻克泗县城后，于1948年3月直逼青阳。石刚当时在地方工作，任泗东工委书记、游击大队政委，兼通海和陈圩（半城）区委书记。石刚记得，3月17日是农历正月初七，他随队伍驻在车门山。深夜，他接到消息：国民党军主力部队正包抄在后，地方武装要配合主力部队淮北挺进支队第二次解放青阳！

战情紧急！凌晨 4 点，游击大队政委石刚同连长、指导员召开紧急会议，决定带一个连突围车门山顶，并向南方的起伏地带转移。但连长一行六七十人却在撤离途中误入敌人的包围圈。第二天早晨 9 点左右，通讯员哭着来报告："连长满头是血，牺牲了。"当时，驻守于青阳镇的国民党还有一个连兵力在山下，正在进攻石刚的队伍。石刚来不及悲痛，紧急带领剩下一个班的战士分散突围。在突围过程中，敌人一排机枪子弹朝他们射来。石刚回忆："当时，最近的一颗子弹离我不到 10 厘米！我手里只剩下 5 发子弹，如果突围失败，我宁可自尽，也决不能当俘虏！"

石刚的无畏精神鼓舞了战士的斗志。战斗持续到下午 2 点，石刚一行人终于突围成功，由被动转为主动。石刚指挥队伍坚守阵地，指挥县大队二连转为主攻。山下的两个村庄中，地方武装的另一支队伍也悄悄转移到车门山西北角，便于打击敌人。石刚命两个通讯员一个传达游击队作战命令，另一个送情报与正规部队保持联络，他独自一人在山上的小庙指挥作战。此时，石刚他们身后几里路有主力部队七十七团，团长叶道友骑马到阵地与石刚讨论战况，说敌人占领车门山后又企图逃跑；山下，被主力打败的国民党队伍涌上车门山……决不能让敌人得逞！于是，石刚所在的连拼命打击欲上山的国民党连队，打死了国民党连队军官，敌人进退两难之际，我军吹起冲锋号，山上和山下的部队配合作战，敌人落荒而逃。

紧接着，叶道友团长让石刚用担架运送伤员。石刚马上率领游击队下山动员老百姓，刚到车门山东北角的姚圩，遇上了国民党部队，又发生激战，双方相聚五百米。敌人用火炮、重机枪轰炸我方阵地；叶道友团长又调来一营兵力支援，并亲自指挥。傍晚，敌人退到青阳镇。

石刚沿着汴河向南走了7公里，沿途动员群众，拂晓到达家乡石集乡。部分老百姓以为是国民党来了，准备逃走躲避；石刚之前在此地任区委干部，群众都认识他，他讲明自己共产党的身份，动员当地的甲长（小队长）负责担架工作，老百姓知道后，不仅没有害怕，还纷纷前来帮忙。没多久，他就把需要的80副担架凑齐了。该役胜利后，使淮阴与徐州两片根据地连通了起来，为淮海战役的

石刚（右一）与战友（摄于1949年）

胜利奠定了基础。

石刚徐徐说道:"车门山战役结束后,我们牺牲了近30人,他们大多数只有20来岁。"70多年过去了,石刚还是难以释怀。"……他们走了,我活着,每每想起这些牺牲的战友,心里都很痛苦。"石刚一生中最大的遗憾是,许多与他一起走过峥嵘岁月的战友最后却没能看到新中国的诞生。

1952年12月,石刚服从组织安排,带着上海市政府的任命书,来到普陀区五一中学任校长,开启了他人生的另外一项事业——教育事业。他后来又担任陕北中学(现晋元高级中学)校长,把该校逐步打造为教学质量先进的学校,其教育经验在全市中学推广。

石刚在任时对校风、学风建设常抓不懈。每天早上上课之前,他先给全校学生上一堂"微型党课",有时点评国内外形势,有时唱军歌,有时讲革命故事,形成一种以革命精神、红色历史为底色的育人模式。

石刚(左三)参加上海市新四军历史研究会活动(摄于2011年)　　石刚在家中(摄于2019年)

石刚老战士用生命和行动诠释了"一日为战士，终身为战士；一日是教师，终身是教师"的执着信念。采访之余，石老告诉我们，他的儿子曾经问他一生当中最大的"得"是什么，石老回答是"得到了一个新中国"。是啊，石老革命一辈子，奋斗一辈子，身上充满了"较真"劲，他所追求的"得"也远远高于任何物质形式之上。从石老身上，我们学习他"较真"的精神。正是有像石老这样的无数共产党员为了民族解放和人民幸福视死如归，才形成了伟大的铁军精神，构筑起中国共产党的精神谱系，为立党、兴党、强党提供了丰厚滋养。

　　我们青年党员要向石刚等老一辈革命战士学习，传承红色基因，发扬红色传统，赓续共产党人的精神血脉，鼓起迈进新征程、奋进新时代的精气神。

陈　静　上海交通大学 2019 级硕士生

刘镜尧　中国人民公安大学 2016 级本科生

资料来源：

1. 2019 年 8 月 26 日，张玲、刘镜尧等在石刚家中采访的记录。

2. 石刚提供《自传》《诗集》等相关文章；上海市新四军历史研究会李丽焕老师提供资料，四师分会常务副会长赵霞女士提供帮助。

3. 王苏凌：《新四军老战士石刚亲历三次日寇大"扫荡"》，《大江南北》2021 年第 12 期。

黄迈飞
经得起历史考验的老党员

黄迈飞（摄于 1949 年）

黄迈飞（1924 年出生），男，江苏靖江人；1942 年参加新四军第一师第一旅会计训练班，从事后勤保障工作；整风运动期间，因家庭出身受到误解，仍坚守岗位守护集体财产；1947 进入新四军第一师华东野战军第十一纵队山炮团，任宣传干事，因有文化、懂理论，被抽调创办《炮声》刊物；1949 年 2 月，经历长期考验的黄迈飞，成为中共党员；新中国成立后，任空军第二十八师政治部主任；离休前，任上海市科学器材公司党委书记。

2020 年 1 月 8 日，我们在上海市区一栋红砖老房子内，拜访了 96 岁高龄的新四军老战士黄迈飞。他面带笑容、和蔼可亲，在期颐之年仍精神矍铄、思维清晰。听闻我们想要了解他的红色故事，黄老像一个快乐的小顽童，讲述起自己的革命过往和入党经历。

富家子弟参加新四军

黄迈飞出生于地主家庭，其父是上海东亚体育专科学校教授，与国民党政要走得很近。黄迈飞在亲属创办的私塾里读书3年。"我读的虽是'私塾'，但教我们的长辈都是接受现代教育的大学教授。他们不仅教传统文化，还教自然科学等。在3年时间里，我基本学完初中和高中课程，相当于高中文化程度。我喜爱读书，读各类书籍，把家中藏书读了一遍，包括艾思奇的《大众哲学》。"

1941年，黄迈飞结束了私塾学习，但他并不满足，于1942年初在震旦大学文学系接受函授教育，持续近一年。他回忆道："我不需要去上海。老师从上海寄来题目，我做完后再寄去，老师批改，给出分数。"这些教育经历为黄迈飞以后从事会计工作、办报、撰写文章进行政治宣传奠定了必要的文化基础。

黄迈飞说："1942年，于我而言，是最难忘、最重要的一年，我参加了新四军。这年，我已年满18周岁，与私塾同学讨论职业和个人前途，小伙伴纷纷出主意。当时，抗日烽火燃遍全国。靖江形势很复杂，县城被日本人占领；城外的广大农村地区，是新四军于1940年开辟的抗日民主根据地；国民党军队早已撤走。一位同学的哥哥在溧阳的国民党军队当医生，这位同学建议我们与他一起去参加国民党军队。但路途远，还需渡过长江，途经的江阴和吴县是敌占区，无法通行，最后只得作罢。另一位同学提议，城外的新四军也是抗日队伍，不如就近参加吧。我们那时只想着抗日，还不知道延安，对共产党知之甚少，以为新四军与国民党军队一样。"

陈玉生（1900—1994）

黄迈飞等3个青年人到泰兴县抗日民主根据地的镰刀港小学，应聘小学教职，在学生中宣传抗日。当时，新四军第一师没有固定办公地点，经常在镰刀港小学开会，并动员师生抗日。黄迈飞经常见到粟裕、叶飞、陈玉生等新四军领导人。

黄老充满深情地回忆："陈玉生是我的领路人。与其他领导人不同，陈玉生是泰兴本地人，与我们语言相通，经常到教员宿舍聊天，我与他接触较多。陈玉生阅历丰富，曾在上海杨树浦的日本纱厂做过打包工，1936年加入上海抗日救国会，次年被国民党逮捕入狱，全民族抗战爆发后被保释出狱。他1938年初回到家乡，在靖（江）泰（兴）边区成立抗日救亡大队，开展抗日活动，袭击日本鬼子。1939年2月，陈玉生加入中国共产党，其部队于1940年编入新四军苏北指挥部第三纵队第八团，他任纵队副司令员。1941年新四军重建军部后，陈玉生任苏中军区三分区司令员、新四军第一师第一旅副旅长。他经常给我们讲自己的人生经历，宣传共产党的政策及其抗日主张，他的话对我影响很大。"

一天，陈玉成又来谈天，告诉他们：新四军第一师第一旅要举办会计训练班，急需一批文化人来充实部队的财会工作。他建议黄迈飞等老师参加。黄迈飞二话没说，积极报名，参加了培训班学习。班里共有100个学员。培训3个月后，黄迈飞被分配至新四军第一师担任司务长，负责财务管理和后勤保障工作，正式加入新四军。

整风运动被误解，勤恳工作心坦然

黄迈飞生性耿直、为人真诚，工作能力很强，但对共产党与新四军关系的认识一直懵懵懂懂："陈玉生之前与我多次交谈，我知道了共产党，逐渐倾向共产党和新四军。但认识还是肤浅，以为新四军就是共产党，我参加新四军就是参加共产党。"当时，中共党员及其活动尚处于秘密状态，黄迈飞所在的后勤机关党员人数少，而且他忙于工作，也不知道自己身边谁是共产党员。

1942年，苏中抗日民主根据地掀起整风运动。黄迈飞非常坦荡，诚实地汇报参加新四军的过程，说自己原准备到溧阳参加国民党军队，因路途受阻才参加新四军。但有人因黄迈飞出身富裕家庭，认为他参加革命动机不纯，怀疑他是国民党在新四军内潜伏的特务。他只能用实际行动证明自己抗日救国，是真心向往共产党的。

抗日战争进入相持阶段，中国共产党领导的敌后抗日根据地遭到日本侵略者和国民党顽固派的夹击。1942 年开始，苏中抗日民主根据地的财政经济也极度困难。为了扭转困局，新四军一师后勤部开始创办纺织厂，解决给养问题。1943 年，黄迈飞被调入后方，负责纺织厂工作，发展本地特色产业即棉纺织业，为第一师官兵提供军服、毛巾等必需品，也利于隐蔽新四军第一师的指战员。

黄迈飞协助厂长，把最初只有几十人的小纺织厂发展为数千人规模的大厂。接手的纺织厂起初只有 6 台手摇纺纱机，只能织线袜。黄迈飞到上海买来十几台先进的纺织机，招工人近百人。1945 年初，抗日民主政府接收了上海资本家在本地创办的大众纺织公司，工厂拥有了一百多台自动化纺织机，工人总数增至两千多名，使第一师成为新四军系统中能实现完全自给、后勤保障最好的部队。

黄迈飞是不可多得的人才，既会记账、计算成本；还能了解市场，挑选原料，经营销售。他擅长与各方面的人打交道，通过核算工人工资，保持收支平衡，做到略有盈余，尽量满足部队所需。他说："工人都来自第一师，我只给成家的工人发工资，单身工人不发，但许多工人觉悟高，主动不要工资，我很受感动。"

黄迈飞坦言："自 1943 年以后，我逐步了解国民党和共产党的区别，搞清楚新四军是共产党领导的，而不是国民党领导；1945 年前后，我明白参加新四军不等于参加共产党。"

1946 年 6 月，国民党发动内战，不得人心，黄迈飞也痛恨国民党的倒行逆施。为躲避国民党军队的追捕，黄迈飞及纺织厂的部分工作人员带着几箱黄金逃到江苏如皋的一个港口，乘船在黄海上漂了两个多月。在此期间，有一位工作人员偷拿部分黄金逃走了。黄迈飞严守工作职责，死死守护着工厂财产，他的行为后来得到第一师后勤部门的赞许。此时，黄迈飞虽未入党，但经受住了考验，证明他在思想和行动上已经与中共党员接近了。

办报、宣传有声有色，加入共产党水到渠成

国民党从全面进攻转为重点进攻后，苏北解放区陆续被国民党占领。华东野战军鼓励后方人员到前线工作。1947 年，黄迈飞被选拔到苏中公学培训，两周后被分配到

黄迈飞在部队里学习理论（摄于 1954 年）

前线部队，担任华东野战军十一纵队山炮团政治处干事。

炮团的主要任务是协同步兵摧毁敌人工事，为步兵开路。在战斗间隙，黄迈飞还与同事创办了报纸《炮声》，主要宣传党的方针政策和部队内的好人好事，他的政治思想素质和理论水平得到进一步提升。为强化宣传效果，他们采用文字和漫画相结合的形式，让文化程度不高的士兵也能看懂。此外，黄迈飞还负责组织部队内部会议，比如报告会、经验交流会、表彰会等等。作为宣传干事，黄迈飞发扬"一不怕苦，二不怕累"的精神，用通俗易懂的方式，将中央精神及时传达给众多官兵，鼓舞士气，激励斗志。

1949 年初，淮海战役以人民解放军全面胜利而结束。这一年，距离黄迈飞加入新四军已经 6 个年头了。历经了数年考察，党组织看到了他的忠诚以及贡献。同年 2 月份，在徐州孙家庄，党组织批准了他的入党申请。领导与他谈话后，黄迈飞正式成为一名光荣的共产党员。

黄迈飞（左图摄于 1949 年，右图摄于 2019 年）

这一党员身份来之不易。黄迈飞一路走来，遭受过质疑和非议，但他始终坚守加入新四军时的报国初心，发挥知识分子特长，积极宣传党的政策，在部队官兵中产生了很好的效果，为革命事业作出了自己的贡献。

在解放战争的隆隆炮声中，黄迈飞所在的中国人民解放军第二十九军山炮团参加上海战役。取得月浦战胜利后，黄迈飞跟随部队离开上海一路南下，踏上解放全中国新的战斗征程。

黄迈飞（摄于 2015 年）

黄迈飞老战士出身于地主家庭，因抗日救国与新四军结缘。他在战火纷飞的峥嵘岁月中一路走来，对新四军和共产党的了解和认可一步步加深。在党的培养下，他逐步成长为对党忠诚的坚定的革命战士。在艰苦卓绝的抗战中，他做到了听党指挥、挺身而出、迎难而上，信念坚定如铁。黄老坦言，虽然抗日战争已经成为历史，但是新四军形成的铁军精神彪炳千秋，身为党员干部，应该对党忠诚、为政清廉、敢于担当。不管面临何种风浪险阻，都要永葆初心，始终坚持党的领导，始终坚守党员的精神追求，始终坚定共产主义的理想！

邹　萌
胡颖莹　　　　上海交通大学 2019 级硕士生

资料来源：

1. 2020 年 1 月 15 日邹萌、胡颖莹等赴黄迈飞家中采访以及多次电话采访的记录。
2. 上海市新四军历史研究会办公室提供部分资料。

周之德
只身一人走进国民党市政府大楼

周之德（1925—2019），男、江苏邳州人，毕业于新四军第四师活动范围内的苏皖抗日根据地联中；1941年在邳睢铜灵四县联防办事处参加工作，任联办秘书长文书兼助理；同年加入中国共产党；在抗日战争和解放战争时期，长期在后勤保障部门工作；1949年随军南下，任华东军区上海军管委员会行政科人事参谋，奉命

周之德（摄于1949年）

第一个进入国民党市政府大楼视察，守护上海升起的第一面五星红旗；历任上海市委财贸政治部基层组织处副处长、处长，上海市财贸办公室党组副书记、副主任等职。

在新中国成立 70 年之际，新四军老战士周之德对子女和采访者感慨地说："得民心者得天下。八路军、新四军在共产党领导下反抗日军暴行，维护中国人民的利益，我们的队伍才不断发展壮大！淮海战役，是一百万老乡用小推车推出来的！上海洋场，是我们踏着烈士的鲜血解放的！那时，战士们进城睡马路，不侵犯民众一草一木，这是人民军队的本色啊！"

周之德出生于素有"五省通衢"之称的徐州地区，少年时期目睹了日军侵占徐州后对当地人民的疯狂报复（1938 年徐州会战中，中国军民曾对日军进行过顽强抵抗）。"我 13 岁那年某一天，在距我家 7 华里（3.5 公里）的土山镇，正逢成千上万的老百姓赶集，日本鬼子用机关枪把人围起来，叫喊'要吃包子的过来朝前站'。一些老百姓不知怎么回事，陆陆续续地走过去，待有近百人时，每人发个菜包子（是日本鬼子从小贩手中抢来的）叫吃下，然后用机关枪'嘟、嘟、嘟'打死，血流成河。"见众多家乡父老惨死于日寇枪口，周之德义愤填膺，心中埋下了反抗侵略者的爱国火种；他亲眼看见中共地下党组织领导的爱国会拿起土枪追杀两个掉队的日本兵，对中国共产党产生了好感。

1941 年，从苏皖边区政府创办的邳睢铜中学毕业后，周之德便义无反顾地参与抗日工作，成为中国共产党领导的睢铜灵四县联防办事处一名成员，任联办秘书长张祚荫（新中国成立后曾任安徽省副省长）的助手。在党组织培养下，他 16 岁加入中国共产党。经过抗日烽火磨砺和解放战争历练，他成长为华东野战军后勤部门有勇有谋的干将。1949 年 5 月 26 日，他受到中共中央华东局和华东军区司令部领导的信任与重托，成为第一位奉命走进国民党市政府大楼的军管会干部！

接管上海之前奏

1948 年下半年，解放战争的战局发展很快，国民党军队败局已定。当时，辽沈战役已结束，淮海战役即将开始，平津战役正在酝酿，干部群众喜气洋洋，"打倒蒋介石，解放全中国"的口号已变成人民群众统一的行动。济南战役结束不久，周之德与战友们接到了上级通知，华东军区司政机关要一分为二，少部分同志到济南，成立山东军区，大部分同志南下，准备接管上海。

"我所在的单位——华东军区司令部，由山东青州出发，经过济南到达滕县。淮海战役一结束，我即随队伍乘火车到达淮安。1949 年 4 月 21 日，百万雄师过长江，南京解放，华东军区司令部又启程进发，经过扬州渡江，于 4 月 24 日从镇江乘火车抵达丹阳，参加集训。华东局和华东军区领导陈毅、邓小平、刘伯承、粟裕、陈云、刘晓、潘汉年、刘长胜等均云集丹阳，商量如何攻打上海、接管上海。陈毅在集训中对一百多名高级干部发表了重要讲话。我和战友们听了上级领导熊中节（新中国成立后任上海市政府办公厅主任）的传达，热血沸腾，群情激昂。"

接着，华东局和华东军区进行组织上接管工作的准备，在丹阳成立了以陈毅、粟裕为首的上海市军事管制委员会，筹划《解放日报》复刊后第一份报纸的出版，刻好军政大印、印好军管会臂章，成立四大接管委员会，任命负责干部。年仅 24 岁的周之德被分在市军管会直属部门行政处行政科担任参谋。

周之德回忆："1949 年 5 月 24 日晚，夜幕降临，陈毅市长与刚赶到丹阳的潘汉年等领导开完会后，按照军管会接管编制，开始向上海进发。陈老总等负责同志和我们乘一列火车，第二天早晨到达南翔镇火车站。为防止敌机空袭，大家下车就地找附近农村分散休息。上海地下党组织晚上派车迎接，陈毅、张鼎丞、曾山、魏文伯等首长入住圣约翰大学的交谊楼（现华东政法大学），我与军管会其他干部乘卡车凌晨住进有'民主堡垒'之称的交通大学校园，没有打扰师生，悄悄在室内篮球场席地而卧。这是我们进入上海市区的第一夜。

"第二天，即 26 日早晨，我看到交大师生纷纷在传播学生领袖穆汉祥、史霄雯被国民党残酷杀害的消息，大家都非常悲愤。我上午走出校园，到交通大学门口一看，不远处即华山路菜场，人群密密麻麻。不少人在唱《解放区的天，是明朗的天》，可见国民党腐败昏庸，失尽人心。"

解放军进城后不扰民，上海市区人民生活如常。一夜醒来，发现人民解放军全睡在马路上，上海市民对中国共产党及其领导的军队充满好感，切实感到解放军是人民的子弟兵。

上海战役犹如瓷器店里捉老鼠，我军为了尽可能保护上海人民的生命安全，保障市区公共设施完好，付出很大牺牲。

担负使命侦察国民党市政府大楼

1949 年 5 月 26 日，上海市区苏州河南岸已解放，但苏州河以北尚有残敌。这时，周之德接到一个重要任务，上级指示他进入汉口路国民党市政府大楼进行侦察。周老详细描述了他作为第一位干部走进国民党市政府大楼的军管会时，那惊心动魄、既光荣又危险的场景。

"1949 年 5 月 26 日下午，军管会行政科长梁云行同志叫我带警卫员小李前往江西中路汉口路国民党市政府察看动态，以便明天大部队前往接管。我和小李从汉口路大门进去，门两边堆着一人多高的沙袋，上边插着一面白旗，无人站岗。进去后碰到一位工友，我说：'我们是军管会的，请带我们进去看看。'他马上找来国民党市政府总务处的车务股长陆立知陪同我们。陆拿着一大串钥匙交给我，陪我逐个打开各办公室的门。室内均整整齐齐，没有一个人员。他告诉我，员工均回家待命了。接着，他又带我到中楼，看国民党市政府的警卫队，只有一个警察值班。我查问枪支人员情况，他答复：'枪支统统在 5 月 24

日遵赵祖康代市长命令，放在市政府大门口列为一排，都被解放军收走了。'白旗飘扬，警卫队人员已遣散。我回去向领导作了汇报。"

周之德的描述轻描淡写。其实，当时上海硝烟未尽，危机四伏，国民党市政府大楼犹如十月革命圣彼得堡的冬宫，绝望凶残的敌人也许躲藏在一根根看似静谧平和的廊柱背后，等待报复时机。周老凭着对党的忠诚，严守新四军铁的纪律，只带一个警卫员就进入原国民党上海市权力枢纽所在地，打开一个个办公室，搜寻并获取那些对共产党新政府有价值的、国民党来不及毁掉或带走的文件，排除潜藏的特务。年仅 24 岁的他就像《列宁在 1918》里只身走进冬宫的小胡子队长马特维也夫一样，勇敢、睿智、机警，做好了万一有冷枪打过来的心理准备……

5 月 27 日，上海全部解放。当天上午，周老与军管会行政处接管人员乘着大卡车，在熊中节领导下开往江西中路国民党市政府进行接管，代理市长赵祖康儒雅地站在大门口迎接。周老一行按照原来部署和分工，进入办公室，各就各位。

5 月 28 日，陈毅市长走进市政府大楼，与国民党代市长赵祖康正式举办接管仪式，并发表了重要讲话。周之德在现场亲眼见证了那个激动人心的历史瞬间。几天后，周老负责旧政府局处级高官的培训与量才录用的工作。整整一年时间，周老常与赵祖康接洽工作，也经常聆听潘汉年的指示。

1949 年 5 月 26 日、27 日、28 日，三天三夜，是上海载入史册、震撼全国的日子，周之德作为的年轻军管会干部，不负领导信任与重托，完成了使命。

守护上海升起第一面五星红旗

五星红旗是新中国的象征和标志。1949 年 10 月 2 日，周之德见证了第一面五星红旗在上海市政府大楼冉冉升起，他全程参加保卫工作。该楼就是他奉命只身进入检查的原国民党上海市政府大楼，坐落于江西中路汉口路。

1949 年 5 月 28 日下午，陈毅市长在位于 2 楼的办公室内接过了原国民党上海市政府的关防印信，顺利完成了新旧政权的交接。上海市军管会和市人民政府及部分委办局入驻办公后，大楼更名为"市府大厦"。

9 月 30 日，上海市军管会发布通告：为庆祝中华人民共和国及中央人民政府成立，庆祝人民政协会议成功召开，全市自 10 月 2 日起（十日内）悬挂国旗；各军政机关于 10 月 2 日上午 8 时分别举行升旗典礼。周之德作为军管会年轻能干的干部，夜以继日地工作，确保市府大厦升旗典礼顺利举行。

9 月底开始，周之德与相关工作人员在市府大厦忙碌起来，精心筹备隆重的升旗仪式。在楼顶高耸的旗杆正下方安放着一颗巨大的五角星，其左右两边分立有四颗小五角星。建筑外墙上悬挂着"保卫世界和平　庆祝中国人民政

治协商会议成功　中华人民共和国中央人民政府成立""拥护人民民主专政""拥护中央人民政府"等标语。一幅一人多高的毛主席画像被置于底楼入口处，显得格外醒目。

1949 年 10 月 2 日 8 点整，升旗仪式开始。和着军乐队的伴奏，全场高唱《义勇军进行曲》。一面长 1.92 米、

上海市第一次升国旗照片（周之德提供）

宽 1.28 米的五星红旗在大厦楼顶的旗杆徐徐上升。"冒着敌人的炮火，前进！前进！前进！进！"当国歌的最末一个音符落下，五星红旗刚好升到旗杆顶端，迎风招展。五星红旗升起在上海上空！这一刻，周之德与在场所有的人仰望国旗，心潮澎湃，无比自豪！

这激昂振奋的历史瞬间被摄影师抓拍了下来，让后来者感受中华人民共和国成立之时普天同庆的喜悦！照片右上方是周之德和另两位军管会参谋，他们站在市政府顶楼，巡视四周，以确保升旗仪式安全进行。周老指着这张照片说："1949 年 10 月 3 日，军管会战友拿着当天的《解放日报》兴奋地说：这张照片拍得太好了！二楼平台一排面对红旗敬礼的军人背影，气氛庄严热烈！瞧，顶楼右侧你的身影也拍到了！"

周之德一生廉洁奉公，光明磊落。20 世纪 50—60 年代，因为子女多，经济紧，周老每个月向市委机关借 15

周之德于病房中手执国
庆 70 周年"纪念章"　　　　周之德在海南三亚海边（摄于 2003 年）

元补贴家用。那时，他可是参与掌握全上海金融、贸易与银行命脉的财办高级干部啊！他经常对六个子女讲述红色故事和人生经历，离休后担任上海市新四军历史研究会顾问及上海市财贸系统老干部大学校长，被评为全国优秀离休老干部。

> 周之德自年少年时受到中国共产党的感召，在血与火的考验中淬炼出铁的信仰，始终保持一颗赤诚之心，党指向哪里就冲到哪里，从不顾个人安危。戎马倥偬历尽千帆，正是无数个像周之德这样的老战士为民族独立和人民解放出生入死，中国才能从苦难辉煌的过去迈向日新月异的新时代，中国共产党才能赢得人民群众的衷心支持和信赖。
>
> 我们年轻党员要秉承新四军老战士忠于党、忠于人民、奋不顾身、艰苦奋斗、勇于牺牲的精神，把为人民谋福利的接力棒一代一代传递下去，早日实现中华民族的伟大复兴！
>
> 朱　丹　上海交通大学2021级硕士研究生

资料来源：

1. 2019年8月，周之德女儿周励女士采访周之德的记录。

2. 2021年，张玲、朱丹多次采访周励女士的记录。

3. 周励女士提供周之德的自传相关资料。

朱文生
英勇善战　战功卓著

朱文生（1927—2014），男，江苏南通人；1945年1月加入新四军；1945年8月至1948年4月，任华中野战军七纵队五九团（1947年10月后为华东野战军十一纵队三十一旅九二团）二营六连（苏中四分区特务团特务连）战士、战斗组长、通讯员；1948年5月始，相继任第三野战军二十九军八十五师二五四团

朱文生（摄于1955年）

二营六连排长、副连长、连长、营参谋长、营长。他先后参加了著名的苏中七战七捷战役、淮海战役、渡江战役、上海战役、进军福建、福州战役、解放厦门等大大小小近百次战斗，获"战斗英雄"称号，荣立二十余次战功。1965年8月，朱文生转业至上海交通大学，任校人民武装部副部长等

职。2021 年朱文生子女设立"朱文生国防教育基金"。

"艰难可以摧残人的肉体，死亡可以夺走人的生命，但没有任何力量能够动摇中国共产党人的理想信念。"老战士朱文生，幼时遭遇贫困，少年参加新四军、加入共产党，青年时期屡立战功，中年投身新中国建设事业，晚年仍发挥余热奉献社会。朱文生不管身在何处、奋斗在哪个工作岗位，始终发挥共产党员先锋模范作用，信念之火照耀着其人生之路。

懵懂年纪初识信仰

朱文生出生于贫农家庭。他幼时体弱多病，家庭生活困难。父母为了避免孩子夭折，按照风俗，让儿子认了村中一个小地主的长辈做干爹。虽然干爹十分疼爱朱文生，但朱文生自小在贫困家庭成长，目睹许多贫苦家庭被有钱有势的人欺压、在社会夹缝中艰难求生等残酷现状，萌生了很强的正义感。年幼的朱文生不懂这是为什么，只是感性地看到父母和干爹的生活差距，渐渐意识到社会不公及人与人之间的不平等。

年纪渐长，朱文生进私塾读书，只读了 3 年左右，因家贫辍学。私塾先生是一名中共地下党员，经常讲时事政治和社会发展简史，这些信息对于幼小的朱文生来说是一种新奇的知识。私塾先生多才多艺，关心同学。

朱文生非常崇拜先生，先生也喜欢这个勤奋好学的学生。这是他第一次接触到共产党员。

全民族抗日战争爆发后，朱文生的家乡南通地区形势复杂，国民党政府、中国共产党建立的抗日民主政权、汪伪傀儡政权交错并立。1940 年新四军东进通、如、崇、海地区，建立南通、如皋、海门、启东四县抗日民主政权，第二年，成立苏中第四行政区专员公署；1943 年，苏中行政公署北移，以海安为中心，在东台、泰县、如皋部分地域成立紫石县，南通县成为游击区。朱文生经常利用孩童身份，在我军与日、伪、顽斗争犬牙交错复杂危险的游击区，为中共地下党组织递送情报，在一次又一次的任务中，朱文生加深了对党的认识：中国共产党维护老百姓的利益，只有跟着共产党，才能打败日本侵略者，百姓才能翻身得解放！

烽火岁月中屡立战功

时间飞逝。1944 年，朱文生已经成长血气方刚的 17 岁少年。一方面受私塾党员先生的影响，另一方面目睹乡亲的遭遇，朱文生痛恨日伪军的作恶多端，产生了参军反抗日本侵略者的愿望。1944 年 5 月，朱文生在家乡加入民兵团和地方武装，开展游击战。1945 年 1 月，朱文生正式加入新四军，成为苏中四分区特务团特务连的一名战士。加入新四军不久，朱文生就参加了如皋东陈镇攻坚战。当

朱文生的抗日战争胜利 60 年纪念章

时，与朱文生一起从地方民兵组织加入新四军的共有 29 人，在这场攻坚战后，15 人英勇牺牲（其中牺牲的葛祖亮、葛祖良两兄弟现安葬于南通观音山太平寺烈士陵园中）。至 1949 年，29 人中仅朱文生和康如林两人幸存。

此后，朱文生在战火纷飞的岁月中，参加了大大小小近百次战斗，勇于作战，每次都冲锋在最前头，多次与死神擦肩而过，立下一等功 1 次、大功 1 次、三等功 6 次、四等功 7 次等 20 余次战功，磨炼出顽强的意志。

朱文生在烽火连天的战场上为了国家独立和人民解放，无惧生死，冲锋陷阵，三次与死神擦肩而过（伍佑保卫战、上海战役、厦门战役），为创建新中国数次身负重伤，是"三等甲级"伤残革命军人。

1950 年、1951 年，朱文生先后被第二十九军和福建军区授予"战斗英雄"称号，1955 年被颁授中华人民共和国"三级解放勋章"，2005 年被颁授"中国人民抗日战争胜利 60 周年纪念章"。同时他也曾带出过"一等功臣班"和"双功排"等英雄集体。

淮海战役纪念章（1949 年初获）

1955 年 9 月由中华人
民共和国国防部颁发的
002425 号勋章（三级
解放勋章）

马淬（沟）阻击战尽显铁军本色

　　1945 年 9 月发生的马淬（沟）战斗，是朱文生加入新四军主力部队后参加的一场重要战斗。马淬（沟）是姜堰下属的一个镇。日本宣布投降后，蒋介石命令侵华日军不得向中国共产党领导的八路军和新四军投降，所有伪军接受加委，原地驻防。1945 年 8 月 23 日，驻姜堰的日军一个中队和伪军独立十九旅孔瑞五部一个连共 400 余人拒绝投降，弃据点沿通扬线分水陆两路逃往南通。中共苏中区委和苏中军区根据上级指示，对拒不投降之敌予以打击，夺取大反攻胜利。担任战斗的主力是苏中独立旅第十四团二营，敌伪军行至济（沟）与白米之间时，与预先设伏于此的我军主力部队遭遇。我军利用实地抢修的工事和有利地形，向敌伪发起进攻。敌人利用优势火力负隅顽抗，战斗十分激烈。苏北四分区特务团特务连安排朱文生所在的第五班为前哨班，在我军增援一时无法赶到情况下，担任阻击任务。他们奋力坚持，顺利完成了任务，保证友邻部队完成突击。

战斗历时三个多小时，毙伤日伪军四五十人，俘虏伪军一部。五班因阻击得力，全体战士受到上级的通令表扬，记大功一次。

伍佑保卫战重伤不下火线

"轻伤不哭、重伤不下火线"，是人民军队"一不怕苦二不怕死"战斗精神在烽火连天岁月的具体写照，这在朱文生身上也得到了充分体现。

1946年6月，国民党发动的反共反人民的内战全面爆发。朱文生全程参与著名的七战七捷苏中战役后，12月又随部队参与抗击美械蒋军北犯进攻的伍佑保卫战。

在阻击作战中，朱文生冲锋在前，表现勇敢，他的左小手臂骨头在战斗中受重伤。当时的旅野战医院医疗

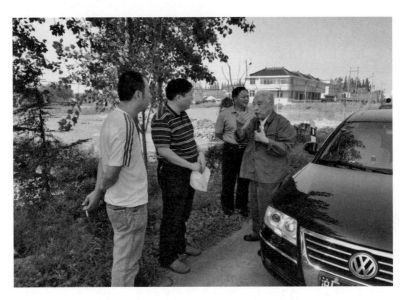

2008年，朱文生重走伍佑战场解说当年鏖战情况

条件差，其手臂枪伤感染导致整个左臂肿胀似大腿般粗，伤势恶化到需要截肢。朱文生坚决不肯截肢。他找到一根木棍放在床边，说："我还要继续战斗，谁敢近前劝我（截肢），就要打谁。"最终医生深受感动，尽力治疗，终于保住了朱文生的肢体。在伍佑战地医院，朱文生凭借顽强的毅力坚持下来，手臂枪伤创口竟奇迹般痊愈，但也因此落下残疾。

部队只好让朱文生复员到地方工作并继续疗伤。但性格倔强的朱文生思念生死战友，渴望战斗生涯，两个多月后，又带着残肢坚决回到野战部队，继续参加战斗。

在艰苦的战争环境和激烈的战斗中，朱文生经受了严峻考验，在党的教育下政治觉悟不断提高，1947年3月在江苏台北小海（现为东台地区）被吸纳为中共党员。之后，他更加严格要求自己，作战中常冲锋在前。

通榆公路战役打头阵

朱文生因在战斗中表现果敢，被提升为第五班班长。他一如既往地英勇作战，屡立战功。1947 年 12 月 20 日至 29 日，国民党军队纠集四师九十旅及五十一师一部共五个团约 1 万 3 千余人，组织"追剿总队"，增援苏中。我军有力回击，这便是在敌强我弱情况下我军依旧获胜的通榆公路战役。在这场战役中，我军三十一旅、三十二旅、三十四旅奉命迂回到大团、伍佑之间的通榆公路两侧，隐蔽集结，打击与消耗敌人，朱文生便在其中。

先前友邻部队几次冲锋失利，情况十分紧急，朱文生所在的第五班接受突击任务。而第五班在战斗中已有 6 人伤亡，只剩下 5 人。朱文生带领着 5 人跳出壕沟，冲过 80 米的开阔地向敌阵猛扑。敌人居高临下，我方部队的正面与右侧遭敌人猛烈攻击，后面部队又没有发觉第五班已经和敌人交手。在三面火力圈内，朱文生沉着地指挥战斗，但因枪遇湿打不响，只能以手榴弹坚持了 8 分钟。

12 月 26 日，我军全线出击，将敌人拦腰截成几段，分割围歼。朱文生又率部冲在前面，快速解决掉敌人，致敌军首尾不顾、军心动摇，为旅主力全歼国民党军队第九十旅大获全胜，起到了关键作用。

朱文生所在的"叶挺部队"经过激战，突破敌军大团以南至公路一线，并在该段歼敌二六八团二营一部、九十旅旅部一部，完成了对下仓包围。26日晚9时许，经过1小时激战，终于攻克国民党敌军几个团。至此，敌方二六八团二营及二六九团1个营全部被歼。12月28日下午，国民党敌军增援刘庄北，为便于歼击残敌，朱文生所在部队协同九十一团打击增援之敌，确保十二纵三十四旅在陈家巷、柏家卷一线作战的侧翼安全。

通榆战役中，我军歼、俘敌军4 000余人，其中朱文生所在的"叶挺部队"歼敌730余人。战斗中，我军战士英勇顽强，为取得战役的胜利，很多同志献出了宝贵生命。尽管伤亡很大，但部队仍然士气高昂。这一战役，第五班朱文生立下一等功，其余战士均立二等功，他们所在的叶挺部队（即华东野战军十一纵队三十一旅九十二团）于通榆公路战役荣获十一纵队三十一旅颁发的"锤炼成钢"锦旗。之后，在新安、李堡、三余、掘港战斗中，朱文生多次评上各类战功。因在战场上的英勇表现，朱文生被选入教导团学习。

十一纵三十一旅给叶挺部队颁发的锦旗

1948 年 5 月，朱文生在战争理论和作战经验方面皆有一定积累，在三野第二十九军八十五师（原第十一纵队三十一旅）二五四团二营六连升任排长。渡江战役前，在一次急行军途中，朱文生的左手腕旧伤处残留寸骨突然刺破皮肤，为了不耽误赶路，他忍着剧痛，以顽强的毅力自己用右手将断骨拔出，简单包扎后，继续前行。

以超常毅力决胜上海战役

1949 年 5 月 19 日后，在解放上海战役中，朱文生奉命带领一个排接替严重减员的兄弟连队，坚守月浦高地，以阵地战吸引和消耗国民党在上海的守军实力，减少我军大部队进入市区后可能加大的伤亡，尽量避免对城市建筑的破坏。

月浦高地在宝山境内，毗邻长江和黄浦江，俯瞰吴淞口，控制了该高地便可以钳住蒋军汤恩伯集团的海上退路。为此，敌军拼死想重新夺回高地的控制权。一周内，敌方在长江上的军舰舰炮和陆地炮火两面夹击狂轰滥炸，每天组织数次进攻，前沿阵地反复争夺拉锯，但阵地始终掌握在朱文生的英雄排手中。此时，我军阵地前弥漫着敌人尸体与硝烟混合后令人难闻的刺鼻气味，朱文生和战士们在这种恶劣条件下依旧坚守阵地。

在一次敌人进攻时，一个新编入的战士杜某，被敌军扑来的坦克和炮火吓坏，临阵自残并企图逃跑。朱文生作为战场指挥员，对这种为自己生存而置战友死亡不顾并可能导致阵地溃散的行为，果断对其执行了最严厉的战场纪律，迅速稳定了部队，牢固地守住了阵地。此战，全排伤亡了16人，但士气丝毫没有减弱。朱文生和他的战友们白天打退敌人进攻，夜间击垮敌人偷袭，最终完成了阻击任务。

进军福建，军纪严明所向披靡

上海解放后，二十九军根据中央军委命令，到苏州一带稍作休整后，于1949年7月4日再出发，经上饶、南平，似一支利剑，直插福州，所向披靡。解放军战士的双腿硬是撵得溃逃蒋军恨不得汽车轮子成为飞机翅膀。大军南进中，朱文生带领的"功臣排"，坚决执行"三大纪律八项注意"，群众纪律严明，一路秋毫无犯。尽管七、八月的南方天气炎热、多雨潮湿，又一路行军打仗，且部队供应困难，缺油少盐，每天连队开饭时的菜，大多是既无油又无盐的水煮空心菜。但在朱文生带领下，全排坚强团结，纪律严明，保持了高昂的战斗意志和高度的凝聚力，直至打到福州，全排都没有一例非战斗减员，并于8月15日随同军主力一起解放福州，饮马台湾海峡。全排为此被上级授予"南进模范排"锦旗。

在南进中的福清战斗中，朱文生所在排接到夺取宝塔后插进城、配合友军歼敌的任务。当攻击开始时，敌人不战而退，但部队插向城里时，突然发现背后约有一连的敌人冲杀过来。紧急情况下，朱文生沉着应战，机智地一面派人联络部队，另一面派少数人跟踪监视逃敌，然后调转头组织火力对敌人进行回击。他率领战士奋不顾身地向敌猛扑，迫敌投降缴枪，我军无一伤亡。

渡海攻坚率先突破

厦门战役时，朱文生率领突击排担任登陆主攻任务。全排分乘三只小船靠近敌人。当离登陆点百余米时，敌人火力密集地从正面和侧面射来，朱文生的部队与其他部队失去了联络。他鼓励大家："同志们！沉住气，别慌，划呀！前进就是胜利！"10分钟后，船将靠岸，敌人火力更猛。他带头跳下船，其他战士跟着涉水扑上岸，打下滩头地堡。在即将突击上陡崖打垮敌方二次反击时，副排长受伤了，朱文生也负了轻伤。他安置了副排长后，单独率部队冲上岸。

朱文生带领突击排，犹如一把尖刀，冒着敌人密集的弹雨第一批抢滩登陆。随后，他们架梯登高冲击。敌人凭借悬崖居高临下，向下投掷手榴弹，梯子被炸断，朱文生同许多战士从数米高的梯子上摔下。他爬起来后仍奋不顾身地继续组织进攻，天未亮即率6名战士攀上峭壁，突破了敌人的第一道战壕，并指挥连续打退了守敌的数次反扑，巩固和扩大了突破口。他带领战士们歼敌一个班，击垮敌人两个连指挥所后，一面巩固，一面扩大突破口，在几分钟内夺下 7 个碉堡，使本营和团预备队从突破口顺利跟上。

随之，他又奉命配合三排攻打高崎，解决 3 个碉堡，歼敌 60 余人。之后，他带领全排随主力以迅雷不及掩耳之势，进击南普陀，席卷云顶岩，解放全厦门。

厦门战役中，朱文生带领的突击排率先突破敌人防守阵地，使我军后续部队迅速占领高崎，为厦门战役胜利奠定了基础。战后，该排获八十五师颁发的"三等战斗功臣"锦旗，朱文生被授予一等功。直到去世前，朱文生的额头发际线处还有厦门攻坚战时留下的半根手指长的弹

朱文生与英雄战友合影（摄于 1951 年）
（左一康如林，左二李学先，左三朱文生，左四姬广泉）

痕，这是他当时在战斗中负伤、命悬一线的见证。

投身建设，薪火相传

1965 年 8 月，朱文生转业进入上海交通大学，在校武装部担任副部长，主持武装部工作。他在岗位上保持发扬人民军队的优良传统，积极投身国防教育事业，彰显"普通一兵"的本色。

2014 年离世前，朱文生最大的愿望是继续为国防事业做贡献。他的子女为了完成父亲遗愿，慷慨捐资 100 万元人民币。2021 年 4 月 6 日，上海交通大学在校庆 125周年前夕，举行"朱文生国防教育基金捐赠签约仪式"，正式成立"朱文生国防教育基金"，以进一步弘扬朱文生

"朱文生国防教育基金捐赠签约仪式"现场合影

爱国荣校的初心和革命英雄主义精神，支持和推进国防教育事业的发展，让他的故事和精神感染和鼓舞更多的青年学子。

> 朱文生老战士的人生，是对党无限赤诚、战斗奉献的一生；他信仰坚定，经历了血与火、生与死的考验，在人生路上奋斗不止，既平凡又非凡，绽放出绚丽的光彩，照耀后来者前行。
>
> 当代青年要向朱文生等老一辈革命战士学习，把理想抱负融入国家建设和中华民族伟大复兴大业中，努力奋斗，不负青春韶华。
>
> 徐佳敏
> 马书航　上海交通大学 2020 级硕士生

资料来源：

1. 2021 年 4 月 6 日、7 日，徐佳敏、马书航采访朱文生儿子陈建中、李敏奇、李敏彪的记录。
2. 徐佳敏、马书航查阅上海交通大学文博馆藏的朱文生《自传》。
3. 上海交通大学老干部处党委书记颜淑霞提供资料。

张格海
赤胆忠心报国家　盛世安恒守初心

张格海（摄于 1949 年）

张格海（1927 年出生），男，江苏睢宁人；1943 年进入华中军区第三军分区卫生部卫生人员培训班学习，被分配至新四军第四师第九旅二十七团三营七连做卫生员；1945 年加入中国共产党，在抗战大反攻中重度伤残；1949 年随军渡江，被分配至上海市卫生局，参加军管会接收医院；服从组织安排，相继在多家医院及卫生部门任职；1985 年在上海市红十字会副秘书长岗位上离休。

"共产党员是块砖，哪里需要往哪搬。"新四军老战士张格海的一生是这句话的真实写照。抗战时期，新四军紧缺卫生员，他练就妙手回春的业务；解放上海时期，他听党指挥，在接收医院工作中，是最出色的军管会人员之一；改革开放时期，他参与重建上海红十字会，援助非洲难民。干一行、爱一行、精一行，张格海是医疗战线上忠于党、精于业的楷模。

四次要求参加新四军

当我们问张老何时参加、为何参加新四军时，他打开了记忆的闸门："我报名4次，终于在1943年加入了新四军。那时，我家附近的新工堰到王春圩一带，抗日力量活动频繁，日军残酷报复，经常来'扫荡'，烧杀抢掠。我多次要求参加新四军打鬼子！"

"我出生于黄河故道的魏集乡苗圩村一户贫苦农民家庭。10多岁时，家中节衣缩食送我上学，没两年，因家贫辍学。但我已认得几百个字，能写自己和家庭成员姓名和家庭住址，这很重要。1938年徐州失守后，日寇铁蹄踏入家乡，国民党军队后撤，匪盗猖獗，在兵荒马乱中，民众四处'跑反'（逃难）、生命难保。老师特意教我们，把姓名和家庭住址写在白布条上，缝在衣服里，一旦遇难后便于辨认身份。我所在学校的老师和学生帮助许多不识字的乡邻写字条，因为许多人不知第二天能否活着。

1939年1月，中共睢宁县委成立。同年5月23日，八路军陇海南进支队第一梯队进驻我家乡，建立抗日民族统一战线，将邳（县）睢（宁）铜（山）地区自发的抗日武装集合起来，开展抗日斗争。他们首先拔掉睢宁县古邳镇（古称'下邳'）的日伪据点，为抗日武装创造了立足之地。1939年12月，苏皖区邳睢铜地委成立，李云鹤任地委书记；第二年9月成立邳睢铜抗日民主政府，团结进步力量，发动群众，打击日伪。

"江苏省睢宁县属于新四军第四师的活动范围。第四师活动于陇海铁路以南，淮河以北，新黄河以东，津浦铁路两侧的淮北抗日根据地。新四军官兵在战斗间隙，帮助百姓治病和收种庄稼，我们很快了解到，这支抗日队伍是百姓的队伍，出身贫寒的爱国青年纷纷参军，包括我三哥。1940年，我去部队看望哥哥，非常羡慕，也渴望参加新四军打鬼子。

"我第一次报名参军时，还不满13周岁。我家在淮北军区第三军分区辖区，招兵处负责人看我满脸稚气、个头矮小，笑着说：'我们部队要打仗，你是小娃娃，还在长身体，等你长大了，我们就要你。'第二年，我又去报名，因年龄和身高不符合要求再次被拒绝。

"1942年，我稍微长高一点，第三次报名。此时，邳睢铜抗日根据地进入最困难时期，日伪'扫荡'加剧。国民党顽固派制造反共摩擦，残杀共产党员和进步人士，靠近邳睢铜地委所在地古邳的叶场也被日伪夺去。邳睢铜联防办事处以岠山为中心，一日三迁，根据地缩小在南北30里、东西60里范围内。

"我想加入新四军打鬼子的愿望更迫切了，又去招兵处。我对招兵工作人员坚定地说：'我年龄小、个子矮，但有当兵打鬼子的决心，一定会是个好兵。'可还是无济于事。"

张格海参军屡次被拒，心情虽有些失落但并未气馁。他打听到新四军第四师第二十六团有个小鬼班，招收年龄小的兵员，并且该团驻地的第四区区长兼书记是张格海的远房叔叔。

1943 年，他前往驻地向叔叔求助，第四次申请参军。但小鬼班战士作战勇敢伤亡大，已被取消；张格海仍不符合招兵标准。他就赖在区公所不回家。叔叔被他"不达目的不罢休"的劲头磨得束手无策，只好把他留在身边，做些送信等力所能及的事。约半年多，淮北军区第三军分区卫生部举办卫生人员培训班，叔叔建议他前去报名；张格海因略有文化，被录取。从此走上从医之路。

张老回忆："抗日战场上卫生员、通讯员和司号员伤亡最多，补充量大。卫生员一般如在坑道中抢救伤病员，伤亡会少些；若遇到坑道不连贯或战情紧急，卫生员需走出坑道抢救伤员，完全暴露在敌人视野中，易被日军枪炮弹击中。从理论上讲，医护人员是中立方，基于人道主义精神，交战双方不攻击对方医护人员。但日本鬼子穷凶极恶，罔顾国际规则，更不讲人道主义，我方医护人员伤亡很大。"因为新四军卫生员减员大，第四区区长把抗日坚决、不畏生死的侄儿——张格海，补充进卫生员队伍。

新四军如何培训卫生员？张老说："培训条件简陋，没有固定教室，有时候在老百姓家里，有时甚至就在空地上上课。教具只有一块黑板、几支粉笔。吃的都是老百姓捐来的高粱、红薯、粗粮煎饼等。"为了能为抗日多做贡献，他刻苦学习战地救护和卫生护理知识。4个月后，他以优秀成绩结业。

"我在后方医院实习了几个月后，正式加入了新四军第四师第九旅二十七团三营七连，成为一名卫生员。我加入新四军的愿望终于实现，别提多高兴了！"

张格海干劲十足，不仅业务好，还抢着干脏活累活。他的表现引起党组织注意，打算培养他入党，经常有人找他聊天。1945年初，新四军基本控制了苏皖边区，局势稍稍稳定。党组织觉得时机成熟，正式与他谈话，发展他入党。

张老对入党情形记忆犹新："我农民出身，入党考察期是一个月；其实，党组织早在1943年就注意考察我了；1945年2月，我正式入党。那时候，根据地到处有特务，共产党员尚不能公开活动，入党介绍人把我带到僻静房子里，宣读入党誓词，领唱《你是灯塔》《新四军军歌》等振奋人心的歌曲。我宣誓后向党组织表态，做个合格新四军战士，奋勇杀敌不怕死；不负党员身份，服从党指挥，牺牲自己，永远忠于党！"加入中国共产党后，张格海一直把党视作灯塔，指引他前行，用实际行动履行了入党誓词。

抗敌负重伤，誓死不下火线

　　抗日战争时期，新四军第四师卫生员紧缺，张格海所在的二十七团成立时只有 3 个医务人员。后来，医务人员队伍不断壮大，每连有卫生员，每营有卫生所，每团有卫生队，在团里可以做手术。

　　张格海不但在战场上救治伤员，为轻伤员包扎伤口；对重伤者，他须背着下战场，转移到后方医院治疗。在休整期，他还负责全连一百多人的生活卫生和伤病治疗等工作；若有指战员染上传染病，他负责隔离、照看，直到他们痊愈归队。他带领战士打扫卫生，整洁环境，不随地吐痰。当时没有痰盂，他挖一个坑，全连指战员

张格海在纪念抗日战争胜利六十周年主题展览中担任特邀讲解员

把痰吐在坑里，队伍开拔之前把坑掩埋，以免滋生细菌引发疾病。

新四军第四师将士在前方勇猛杀敌，战绩突出，与奔赴前线救援的医务人员的救治工作分不开。张格海回忆："经过我们抢救的伤员大部分恢复得很好，有的战士身负几十处伤，伤好后战斗力仍很强。新四军首长陈毅也赞叹过医务人员的出色工作。"

在战场上，张格海多次与死神擦肩而过，印象最深的是发生在抗战胜利前夕的固镇战役。

1944年，新四军第四师歼灭日伪军5万余人。根据中共中央军委部署，四师主力从淮北地区转战豫皖苏，恢复豫皖苏抗日根据地。二十七团担任后卫，但比先锋部队打得还艰苦。二十七团采用游击战、秘密战，来无影，去无踪，有时连续拔掉敌伪据点几十个，歼敌数千人，战斗一结束立即撤离，快速行军几十里甚至一百多里。

1945年3月，张格海所在的部队奉命端掉日军盘踞于安徽淮北固镇的一个据点。当时我方战士不足300人，而敌方有包括全副武装的两个中队的日军和伪军约400人，敌我力量悬殊，敌人火力很猛。战斗打响后，双方打得非常激烈，我方有战士伤亡。张格海等5位医护人员在炮火交织的前线，包扎护理和搬运转移伤员。在他专注于救助伤员时，日军的一颗炮弹在他面前爆炸，他被炮弹爆炸的冲击波炸飞，高高腾起，重重落地，一条腿被摔断，陷入昏迷，生命垂危。幸亏战友快速将他送至团卫生队，做了扩创手术，及时取出弹片。上级领导特别重视和关心官兵，专门派人把他从安徽转移至后方医院继续治疗。在转移过程中，他们要穿越日军和国民党封锁线，先从津浦铁路一带转移至河南，之后又经地下党组织帮助，一站接一站地转到位于苏北的后方医院，一路充满危险。

日夜兼程，当后方医院的医生打开张格海缠绕了好几天的纱布绷带时，在场所有人都惊呆了。张格海伤腿上密密麻麻生满了蛆虫，已现白骨！医生说伤情严重，要把腿截掉，否则有生命危险！张格海坚决不同意，他斩钉截铁地说："锯了腿我还有什么用？瘸了腿，就成了残疾人，将来对家庭、对国家都是一个负担，谁来养我呢？我不愿成为累赘！"战时医疗技术有限，医生只做了简单的处理，他硬是挺了过来。通过一系列康复治疗后，他竟然丢掉拐杖，重新站起来，但也为日后伤痛埋下了病根。

身负重伤的张格海被评定为二等甲级伤残军人。按照部队规定，要复员转业。张格海舍不得离开部队，待伤情稍稳定后，他恳求领导把伤残等级定为三级甲等。最终，他继续留在部队做救治和护理工作。

其实，张格海此次中弹不仅腿受重伤，身体其他部位也受到严重损害；他被炸飞落地时，身上背的医药瓶罐砸到了腹部，致一个肾脏受损，逐渐萎缩，而他长期浑然不觉，直到几十年后体检时才发现。上海瑞金医院一位肾脏外科专家听他讲述受伤过程后确认了病情。

新四军中有无数像张格海一样对党赤胆忠心的无畏战士，他们为了民族解放事业，早把生死置之度外。抗日战争结束时，新四军的战场救护工作在全军中当数一流。

医疗"多面手"，听从党指挥

蒋介石发动内战后，张格海在涟水战役救护伤兵时再次负伤；1947年初调至后方华中银行印刷厂，任该厂卫生所门诊所长，后随部队撤退到山东，与当地印钞厂合并。他创办了小型医疗救助站，用精湛的医术，服务当地军民。一次，造币厂一位工人操作不当，手臂被机器压成粉碎性骨折，需马上实施截肢手术，但救助站没有相应的医疗器械。情况紧急，若不及时手术，臂伤很快恶化会危及生命。张格海基于医生的责任感和对人民的感情，用简陋设备冒险做了手术。没想到，手术很成功。工人被送到华东野战军前方总医院进行后续治疗，总医院医生对张格海的医术水平感到震惊。他一时名扬山东解放区，华东野战军前方卫生部部长白备伍打算把他调到总医院，但印钞厂领导不同意，只好作罢。

1949年春，张格海随中国人民解放军第三野战军从扬州渡江到镇江，之后转至丹阳。1949年5月27日进入上海，他参加接管大上海的工作。

"当时，接管全上海工作按军队部门展开。我所在的卫生部门接管上海市的卫生系统，分别从军、师、旅卫生部和团卫生队里抽调业务骨干，接管国民党的医疗卫生机构。我主要有两个身份：一是第三野战军的卫生员，继续从事医疗工作；二是上海市军事管制委员会成员。我所在的军管会除了接收医院、安置军人到地方工作外，还负责安全保卫、清除国民党残余势力，有时还参加整顿金融秩序、打击倒卖银圆的投机倒把分子等工作。"

张格海被分配至上海市卫生局，负责接管上海第二劳工医院、第二医院以及眼科医院。

第二劳工医院（即后来的上海市杨浦区中心医院）由国民党工会创办，安插特务组织监视工人。张格海接管该医院时是军代表，负责全面了解医院里每个医务人员的政治思想状况，再向上级汇报。他工作认真细致，对党组织忠诚负责。"当时，不断有群众向我汇报工作、提供情况。我要细致地观察、考察，甄别信息的真假，实事求是地作出判断，哪些人可以争取为我方所用，哪些人是特务敌对分子。若确定为敌特分子，我会同公安部门一起抓捕，当机立断予以清除，保障政权平稳过渡。"

因社会情况复杂，危险四伏，张格海配有手枪，随时做好牺牲准备。他说："为了建设新中国，我不怕任何困难，最坏的结果就是牺牲。我参加新四军和加入共产党时，已做好牺牲的准备。"张格海依靠群众，及时清理了敌特分子，第二劳工医院逐步走上正轨。

接着，张格海接到命令，接收上海市第二医院。原院长是爱国民主人士，长期与共产党保持联系，接收和改造工作比较顺利。

1953 年，张格海又奉令接收光华眼科医院。"这是中共地下党员张锡祺创办的一所私人医院，位于南昌路 224 弄。张锡祺是眼科专家，早年留学日本，曾负责过与共产国际的联络工作。上海解放后，张锡祺赴安徽任安徽医学院院长。我接管眼科医院后，不久与眼病防治中心合并，改为上海市立眼科医院，我被任命为副院长兼党支部书记。"

张格海除了忙于接收医院的工作，下班后还为上海造币厂家属及棚户区贫民免费治病。"我当年曾在新四军造币厂工作，与接管造币厂的军代表是战友，他们经常找我为工人和失业人员的家属治病。这些人住在贫民区，生病后无钱到医院医治，我有求必应。"

接收医院的任务完成后，张格海调回市卫生局，在防空救护办公室工作，每天工作节奏像转动的陀螺，24 小时

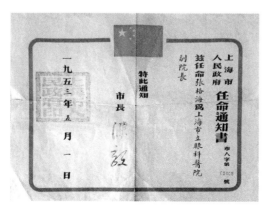

张格海被任命为上海市立眼科医院副院长的任命书

与上级保持联络。

张格海勇于啃硬骨头。20世纪 50 年代后期，上海市卫生局准备筹建第一钢铁厂医院。在一块空地上建医院，谈何容易！相继任命的两位干部都打了退堂鼓。张格海迎难而上。经过艰苦创业，医院拔地而起，后被评为上海市卫生局的卫生标兵单位。上海市政府为了建

张格海在市委交流学习习近平总书记纪念抗日战争胜利讲话（摄于 2015 年）

设钢铁工业基地，重新整合钢厂医院，成立了吴淞医院，张格海任院长。此后，他相继任吴淞区和杨浦区卫生局副局长。

张格海（2019 年摄于家中）

改革开放后，张格海被昔日的老领导、时任上海红十字副会长白备伍"点将"，调到红十字会担任副秘书长。自 1978 至 1985 年，张格海协助白备伍重建红十字会，上海发展红十字会员数万人，重建红十字基层组织5 000 个，发展团体会员 130 个，命名红十字医院 8 所，率先建成红十字救护中心、红十字血液中心，并出版《红十字报》。20 世

纪80年代初在上海市工人文化宫举办为非洲难民的捐助活动上，上海市红十字会声名鹊起。

采访结束时，张格海老战士自豪地对我们说："自从加入党组织，我把一生交给了党，一切听党指挥，哪里需要，我绝对服从命令全力以赴完成任务！"

我们采访张格海老先生时，问他是否还记得入党仪式上所唱的歌？年过九旬的老人精神抖擞，满怀深情、坚定有力地完整地唱了《你是灯塔》，激动和豪迈之情溢于言表。他说，在抗日战争进入最艰难时期，是共产党像灯塔一样给他和新四军指战员们带来光明和希望！《你是灯塔》这首歌在老人心中分量太重太重，反映了老人对党的赤胆忠心。

张老一生担任过不同职务，但不管在什么岗位上，都听从党的指挥，只要党和人民需要，干一行爱一行，知难而进，将"铁军精神"贯彻到底、融入骨髓。他是无数新四军老战士的缩影。新时代，我们年轻一代要让"铁军精神"继续熠熠生辉！

徐佳敏　上海交通大学2020级硕士生
刘镜尧　中国人民公安大学2016级本科生

资料来源：

1. 2019 年 8 月 24 日，张玲、刘镜尧等赴张格海位于南昌路家中采访的记录。

2. 张格海女儿张巍女士提供张老回忆文集《活到老　学到老——张格海作品选集》及照片。

3. 上海市新四军历史研究会办公室及后勤分会胡晓梅女士提供的部分资料。

刘汉山
亲历"瓷器店里捉老鼠"

刘汉山(摄于朝鲜战争时期)

刘汉山(1929年出生),男,江苏靖江人,与参加靖江抗日民主政权的父亲及三个叔叔被称为"刘家革命四兄弟"。受家庭影响,刘汉山于1946年2月加入中国共产党,同年加入新四军,参加过涟水战役、鲁南战役、莱芜战役、孟良崮战役、胶河战役、豫中战役,亲历淮海战役、渡江战役、上海战役、浙东剿匪。1952年刘汉山参加抗美援朝战争,1965年集体转业至708研究所,1989年离休。

即使已过去了70多年,对于1949年5月那场历时半个月的解放上海战役,刘汉山老战士仍历历在目。"瓷器店里捉老鼠，这是当时整个上海战役的中心"，他激情讲起了这段往事。

1949 年 4 月 21 日，中国人民解放军百万雄师横渡长江，成功突破了长江天险，解放了南京，此后却没有乘胜追击一举攻克上海。这是因为上海不同于以往任何一个城市，上海战役也必然不同于以往的任何一场战役。刘汉山回忆："当总前委关于组织上海战役的请示送到毛泽东同志手上后，这位高瞻远瞩的统帅作出了'慎重、缓进'的决策。他想得更远，要让上海这座中国最大、也是亚洲最大的世界名城完好地回到人民的手中，接手后，要能够迅速地恢复生产，改善人民生活。他要求解放军把部队整顿好，进城后，要做到视人民如父母，对群众秋毫无犯。"

刘汉山当时是二十三军六十七师一九九团二营五连的文化教员。其所在部队自 4 月 21 日从靖江、泰兴区域渡江，突破敌人苦心经营的千里江防，打垮敌人多次疯狂反扑后，陆续解放了常州、溧阳等地。5 月 3 日解放杭州后，部队便开始就地执行警备任务，清匪建政。5 月 20 日，部队奉命进军宁波，在行至临平镇，准备乘火车到萧山时，突然接到原地待命的通知，原来是因为美国军舰停泊长江口，有武装干涉阻扰我军解放上海的意图。

为了准备应对这个可能存在的情况，尽快消灭守敌，粟裕司令员决定增调第二十三、二十五两个军参加上海战役。就这样，刘汉山所在的第二十三军，在接到命令后，便以每天 100 多里的急行军速度奔赴上海，前去增援。他

刘汉山（摄于 1963 年）

回忆："当时正值雨季，部队又缺少防雨设备，部队战士们的衣服常常被雨湿透，贴在身上，只在宿营休息时，有些许时间晾一晾，生火烤一烤，第二天就穿着半干半湿的衣服，又踏上了征程。战士们艰苦劳累，有的同志边走路边打瞌睡，跌跌撞撞。战友把他叫醒，赶上部队"。

行军途中，为了使战士们明确党中央的决策方针、这次任务的内容、为什么要执行这个任务以及怎样执行这个任务，并严格遵守"约法八章"和《入城守则》，部队抓紧时间进行战前动员。通过战前动员，战士们清楚地认识到了上海战役的特殊性、复杂性和艰巨性。

第一，上海是国际大都市，是全国的经济中心，高楼大厦遍布，市区人口密集。在这样繁华的城市里作战，不能采用重武器和炸药包。若能完整地保全上海，保全上海的工厂、商店、学校，使水、电、煤气、通信等基础设施免遭炮火损毁，防止国民党军队撤退时的肆意破坏，这对医治战争创伤、恢复和发展生产至关重要。陈毅元帅将解放上海的战役形象地比喻为"瓷器店里捉老鼠"——"既要逮住老鼠，又不能大手大脚在里面横冲直撞把瓷器打碎了"。因此，研究出符合上海市区作战特点的新战术成了当务之急。

第二，上海是国民党反动派统治的重要基地，是蒋介石在江南最重要的据点，同时也是冒险家的乐园，当时在上海的外国人就有 7 万多。国民党的达官显贵在上海都有据点，特务多、密探多、三教九流会道门和地痞流氓恶势力多。帝国主义曾一度预言："即使共产党占领了上海，也是红着进来，黑着出去。"因此，解放上海，不仅要同拿枪的敌人作战，在军事上战胜敌人，还要同不拿枪的、看不见的敌人斗争，在政治上、经济上、生活上、作风与纪律上战胜敌人。刘汉山激动地说："经过了战前动员，部队士气昂扬，都以能参加解放全国经济中心最大城市为荣！"

24 日下午，刘汉山所在的一九九团作为第二十三军的前卫团抵达莘庄。经过了连续 3 天急行军，战士们都十分疲劳，正抓紧时间进行短暂修整，突然传来了"在兄弟部队勇猛攻击和沉重打击下，敌人伤亡惨重，混乱动摇，已退到闸北一线负隅顽抗，北路的退路亦已被兄弟部队切断"的好消息，同时也得知了敌人准备撤退逃跑的消息，以及"立即进入市区作战，严格执行城市政策，严守纪律，做到军事政治双胜利"的命令。战士们旋即整装，在酷烈的阳光下沿着沪杭铁路向龙华镇进发。傍晚时分，部队行至徐家汇发起攻击，以迅猛动作突破敌人的防御阵地，攻占曹家渡宁平桥，跨越苏州河，乘胜向敌人据守的中央造币厂进攻。

刘汉山回忆："造币厂的守敌主要是交警部队，仅配

刘汉山绘声绘色讲述
当时的战斗情形

备机枪、卡宾枪之类的轻武器，战斗力不强，在我军主力两面夹击下，经过一个小时的激战就被全部歼灭，造币厂也完整地回到人民手中。自到达上海，部队连续三个昼夜不间断地攻歼守敌，后勤供应一时出现了困难。为了不给敌人以喘息的机会，战士们直接啃馒头干、喝冷水充饥。"当时上级发给我们从敌人仓库缴获的食品罐头，大家既新奇又高兴，满以为可以尝尝美味，开洋荤。当我们用刺刀打开一看，原来里面装的是玉米粒、榨菜。"刘汉山笑着说："不管它，能填饱肚皮就行，大家边吃边笑，吃完后，继续投入战斗。"

其实，为了尽可能保全上海，完成"瓷器店里捉老鼠"的战斗任务，在党中央的英明指导下，人民解放军想方设法地把市区的守敌主力调动到郊区予以消灭。因此，除了一些无法避免的市区战斗外，郊区成了上海战役的主要战斗场。为了完成这一诱敌任务，人民解放军也付出了巨大的代价。刘汉山说，当时重点是高桥、月浦这两个地方。战斗打响后，解放军兵分两路，从浦东、浦西向吴淞口进攻。敌人知道，一旦吴淞口被解放军攻占，其退路将被完全截断。因此，解放军的进攻迫使敌人从市区抽调了3个军和1个师的兵力到高桥、月浦等地加强防守，战况的激烈程度可想而知。"激战高桥，血战月浦"，实现了调动敌人主力至市郊予以歼灭的目标，为减少市区战斗、保全上海起到了显著的效果。同时，奋战在市区的战士们，因作战时不准用火炮、不准用炸药爆破，打得也艰苦。我方第二十七军从苏州河南向苏州河北进攻时，敌人占据'百老汇'（今上海大厦）和四川路邮电大楼等处，居高临下，用密集的火力封锁桥南和河道，并在桥上构筑工事负隅顽抗。我军部队几次进攻受挫，伤亡很大。

看着一批又一批的战友倒在血泊中，战士们被激怒了，有的同志激愤地问："是我们干部战士的鲜血生命重要，还是官僚资产阶级的楼房重要？"当时的野战军首长了解到这个情况，坚定地指出："我们渡长江，战上海流血牺牲，为什么？就是为了解放人民，为了保护人民的生命财产。市区人口密集，一旦用大炮轰击，虽然可以减少部队伤亡，但上海的高楼大厦很可能成为废墟，会造成多少群众的伤亡。现在这些楼房暂时还被敌人占着，不久我们夺取后，就属于人民。我们要尽最大努力保全它，想办法消灭敌人。"一番开导后，前方的战士们再次认识到上海战役的特殊性、复杂性和艰巨性。

同时，部队领导力求设法保全更多的战士，立即调整战斗部署，以部分兵力正面佯攻吸引敌人，将主要力量拉到西面，准备天黑以后从敌人防守空隙处渡河，从西到东，侧面攻击，尽可能保全现存的城市设施，交还给上海人民。

为了尽快地攻破守敌，我军采取了军事压力和政治瓦解双管齐下的策略。刘汉山所在的一九九团，在乘胜向北站、江湾地区进攻的途中，很好地应用了这一方法。团里七连一排40多人在指导员沈明章、排长尚衍发率领下，在东大名路一转弯处歼敌时，发现大部分敌军逃进了一座四层楼房，四周有3米高的围墙，南面铁栅栏门有火力封锁。经查明，此处是敌交警总队的器材仓库，守敌1个营，2个火器连，约有700多人，由一个副团长指挥。

了解到这些情况后，沈明章决定利用敌人尚不了解我军情况的这一优势，一面指挥部队用火力封锁敌据点的大门和窗户，一面向敌人喊话："国军兄弟们，你们被包围了，南京、杭州都已经解放了，你们不要再为反动派卖命了，快投降吧，我们保证你们的生命财产安全！"几经对峙，敌人动摇了，要求我方派出一个团长去进行谈判。沈明章说了一句："我就是团长"，便毫不迟疑地面对敌人的枪口，带着文化教员、卫生员等8人，从容沉着地进了大楼，讲明形势、指明出路，迫使敌副团长以下700余人缴械投降。

兵败如山倒。很快，敌淞沪警备司令汤恩伯带着5万多人乘舰从吴淞口撤逃，副司令刘昌义被迫起义，残敌失去了指挥，再无斗志，陷入了一片混乱。当时，反动派留下的大多是交警部队、保安部队，武器装备和战斗力都无法与正规军队相提并论，在我军强大的军事和政治攻势下，迅速土崩瓦解。26日下午，我军二〇一团率先攻入敌人淞沪警备司令部大院，随后，刘汉山所在的部队和兄弟部队投入战斗，发起了总攻，战至傍晚，全歼守敌。27日，上海解放。

当时，中共上海地下党组织的配合也至关重要。为了避免敌人武装镇压带来的城市破坏，毛主席和总前委决定，放弃以地下党员为主要执行者的城市武装起义，将对敌作战的主要任务交由在力量上已经胜过敌人的主力战斗部队完成，而地下党员则执行配合主力部队前线战斗的任务，保护疏散当地人民群众，确保各类机关、学校、工厂等基础设施安全，不让敌人实施破坏行动。整场战役，上海8 000多名地下党员发动、组织了大量工人、学生、店员等护厂、护校、护商店，同时不惜一切代价给战斗部队送情报、带路，协助维护当地治安，功不可没。

当然，上海战役的伟大胜利也离不开人民群众的支持。粗略估计，仅解放区支援前线的民工就有几十万人，他们不仅运送物资——粮食就运送了一亿两千万斤，食用油七百万斤，还参与抢救运送伤员，这是一场军民齐心、内外结合的胜利。

战役结束后，为了不打扰人民群众的正常生活，战士们一律不进民房，也谢绝烟、茶水等一切慰问品，而是在街道上整齐列队，然后直接坐在背包上休息，饭菜和开水由炊事班负责分发配送。

打完胜仗，
不进民房，
队伍雄壮，
歌声嘹亮。
蓝天为屋，
马路为床，
豪情满怀，
进入梦乡。

虽然半个月的战斗已经透支了战士们的身体，但此刻都满怀着胜利的豪情，"我们高唱《东方红》《解放军进行曲》《三大纪律八项注意》《解放区的天》《打得好》等革命歌曲，连与连还互相拉歌：'五连，来一个！''五连，快快快！'，唱完一支歌就接着喊：'唱得好，唱得妙，再来一个要不要？''要！'"刘汉山哼着歌，回忆着当时庆祝胜利的场景。

雄壮嘹亮的歌声此起彼伏，引来市民驻足观看，他们见到的是身披征尘硝烟的解放军战士，队伍整齐，纪律严明，精神饱满，士气高昂；他们见到的是一支攻必克、战必胜的队伍，是爱护人民群众的威武之师、仁义之师、文明之师。国民党一切恶意宣传、污蔑造谣，在事实面前不攻自破，烟消云散，大家都情不自禁地鼓起掌来。夜深了，战士们背靠背，头枕着肩，席地而眠，那张解放军露宿街头的相片，便是这场异常艰巨却又意义非凡战役的历史见证！

"瓷器店里捉老鼠"，上海战役是解放战争时期我军进行的一次规模最大的城市攻坚战，

刘汉山（摄于 2019 年建国 70 周年）

我军投入 10 个军，30 个师以及特种兵纵队，共 40 万人，历时半个月，圆满地完成了预定的目标，既消灭了敌人，又保全了上海，创造了中外战争史上的奇迹。上海的解放，宣告渡江战役胜利结束，也标志着中国人民在军事、政治、经济上已基本打倒国民党反动统治，也标志着新民主主义革命即将取得全国胜利，新中国就要诞生了。

　　我们真的很感谢能拥有这次采访机会。如果不是这次采访，我们无法知道眼前这个耄耋老人为新中国的成立，为后辈的幸福生活做出了这么大的贡献。回想起来，仍忘不了刘老谈起战上海时的经历是多么地神采奕奕，充满了自己能参与其中的自豪

和取得最终胜利的欣慰，这就是中国军人，带着对祖国对人民的满腔热爱，抱着"爱国、为民"的使命担当，奋勇当先，负重前行，正是有像刘老这样的革命前辈的浴血奋斗，我们才取得了民族独立和人民解放，才建立了伟大的新中国。爷爷说"你们生在一个好时代，要做好事"，是呀，我们长在红旗下，我们生逢盛世，自当不负盛世！

任　吉

梁雨珂　　上海交通大学 2019 级硕士研究生

资料来源：

1. 2020 年 1 月 12 日，任吉和梁雨珂赴刘汉山家中采访的记录。

2. 刘汉山撰写并提供的《淮海花絮》《光荣业绩　伟大胜利》等回忆文章。

管惟滨
悬壶济世舍小家　满腔热血报国家

管惟滨（1930年出生），男，江苏如东人；1945年6月参加革命，10月加入中国共产党；1946年3月考入华中建设大学后，因战争需要，被调到华中医科大学学医，编入"医本科队"，并加入新四军；1950年毕业于上海军医大学，后赴苏联学习；1957年毕业于莫斯科疟疾及寄生虫病研究所，获医学副博士学位，在莫

管惟滨（摄于1946年）

斯科受到毛泽东同志接见；曾任中华热带医学及寄生虫学学会副主任委员、国务院学位委员会学科评议组成员等。

舍小家为国家，既是中国传统的家国情怀，更是共产党员初心和使命的真实写照。在上海杨浦第五离职干部休养所，我们访问了在此休养的新四军老战士管惟滨。初见

管老，他虽已满头华发，却精神矍铄，嗓门洪亮有力，看不出已有 90 岁高龄。他的健谈和饱满的热情，给我们留下了深刻印象。我们怀着崇敬的心情，记录老人"悬壶济世舍小家，满腔热血报国家"的感人经历。

从小立志攻读交通大学的土木工程专业

管惟滨说："我出生于如皋县掘港镇，家境殷实，在兄弟三人中排行第二。管氏在当地是个大家族，是管仲的后裔。到我这代，是管仲的第 79 代传人。我父亲高中文化程度，20 世纪 20 年代开了一间机米油坊，做食用油生意。我 5 岁时，在掘港校场读小学，那时提倡'天下为公''三民主义统治中国'等口号。父亲尤其重视对子女的教育，特地为我们请来私人老师管笃诚，教识字读书。管笃诚老师是交通大学毕业生，学识渊博，令人敬佩。在老师影响下，我从小抱定志向，将来要报考交通大学，对土木工程专业情有独钟，立志学成以后建设国家。"

然而好景不长，管家的油坊生意刚有一些起色，侵华日军逼近如皋，国民党军队抗敌无力，却像土匪一样经常洗劫当地百姓，管家生意买卖做不下去，房子也被国民党军队拆了。

日本侵占如皋后，国民党军队主力仓皇而逃，驻在他家乡的是韩德勤的杂牌军，军纪很差。管老回忆："我亲眼看见国民党和伪军在当地欺凌老百姓，老百姓很害怕他们。与他们相比，新四军才是全心全意为着老百姓的。"
日本鬼子更是奸淫烧杀无所不为，百姓生活苦不堪言。当
时，幼小的管惟滨心中对日本侵略者无比痛恨，立下参军
杀敌报国的志向。

投笔从戎为国，听党指挥学医

1940 年 7 月 7 日，中共中央发表《为抗战三周年纪念
对时局的宣言》，再次号召全国人民团结起来，为克服投
降危险和战胜困难而斗争。同年 7 月，新四军江南指挥部
主力北渡长江，与挺进纵队、苏皖支队会合，成立苏北指
挥部，陈毅任指挥，粟裕任副指挥；10 月东进黄桥地区，
黄桥决战后，创建苏中抗日根据地。

"新四军第三纵队东进掘港，11 月下旬，在马塘镇和
平接管国民党如皋县政府，以柴湾河为界，将原如皋县一
分为二，河东为如皋县（东乡），河西为如西县。我家在
河东的如皋县，1941 年隶属于苏中第四行政区；1945 年 9
月，如皋县易名如东县，隶属于苏皖边区第一行政区专员
公署。因此，我受到革命影响较早。"

当时，新四军与老百姓亲如一家，老百姓中流传着很
多红歌，管惟滨最早学会的一首红歌就是《黄桥烧饼》。

黄桥烧饼黄又黄哎，

黄黄烧饼慰劳忙哩！

烧饼要用热火烤哎，

军队要靠老百姓帮。

同志们呀吃个饱，

多打胜仗多缴枪！

嗨呀侬哟嗨嗬咳！

多打胜仗多缴枪！

依呀咳！黄桥烧饼长又长哎，

长长烧饼有分量，哩！

烧饼一口吃不下哎，

敌人一下打不光。

《黄桥烧饼》真实反映了新四军东进抗日中受到群众的欢迎和爱戴。在管惟滨家乡，新四军军纪严明，不拿群众一针一线，与群众关系十分融洽，让生活在水深火热中的老百姓看见了曙光。黄桥烧饼虽小，一口饼里面却饱含无限真情。这首红歌表达了群众对共产党军队的全力支持和深厚的军民鱼水情谊。

受到环境潜移默化的影响，1945 年 6 月，年仅 15 岁的管惟滨参加了中共地下工作队。他白天在如东中学读书，晚上在镇里开展青年工作，寄宿在南通中学。那时候，镇里被日本人统治，管惟滨与室友都恨透了日本侵略者。一天夜里，他们在谈及同胞们被日本人迫害的凄惨现状，悲愤之下合唱当时广为流传的爱国歌曲《流亡三部曲》，表达对侵略者的满腔怒火。歌声在宿舍的长廊里回荡，被学校的训导员发现，管惟滨和室友因此挨了一顿痛揍，这反而更加坚定了他日后加入中国共产党的决心。

管惟滨的入党介绍人叫和德隆，是当地的党支部书记，以开小店为掩护，从事共产党地下情报工作。1945年8月，新四军收复掘港，地下工作队可以公开活动。1945年10月，经过和德隆介绍，管惟滨被吸收入党。当时，有三四个同志一起参加入党宣誓。

抗战胜利后，蒋介石发动反共反人民的内战。当时，管惟滨还在如东中学高中二年级读书。"十几年前，我一直抱着读书救国的思想；加入中国共产党后，经党的教育，我认识到，读书救国的途径根本走不通。要想人民当家作主不受欺凌，首先要建立人民的政权，要推翻以蒋介石为首的国民党反动派政权，就要武装斗争。于是，我放弃去交通大学学习土木工程的想法，放弃了当一名工程师建设国家的理想，决心投身报国参加革命。"

1946年3月，管惟滨进入淮阴华中建设大学学习。不久，国民党大举进攻中原解放区，学生们跟随学校北撤山东。1946年11月，因战争需要，管惟滨被调到华中医科大学学医，编入"医本科队"，从此入伍，成为新四军战士。

1947年初，管惟滨又转到第三野战军学校（后改名为前方卫生部医学院，学员多数是沪、宁、苏一带20岁左右的知识青年）。从1946到1949年，管惟滨跟随部队转战江苏、山东、河北、河南、安徽五省89个县，四渡黄河、四越陇海线、六跨津浦线，经历了孟良崮、豫东、济南、淮海及渡江等战役，行程约 4 500 公里，在革命征途上，坚定不移地跟着党走。

军民同甘共苦结下鱼水深情

在随军征战过程中，管惟滨一边行军和学习，一边做宣传工作和行医。他们不仅要医治军队的伤员，沿途也为当地老百姓看病。管惟滨回忆："在医疗队，我每天都去医院为伤病员服务。一天，我们刚刚把药箱打开，各连队的伤病员就一批一批地前来换药、看病。这时，村里的老百姓和小孩，都探着头好奇地围观。一位衣衫褴褛的老人，有些驼背，身子颤颤巍巍，但一直在旁边认真地观察，好几次靠近医疗队员的身旁，却欲言又止，最后，终于忍不住小心翼翼地问：'我家有个病人，能不能给看一下，要多少钱？'医疗队员告诉他：'新四军为穷人看病不要钱。'

"自此以后，每天有一些老百姓前来医疗队诊治疾病，有的距离部队驻地十几里地。我们为老百姓进行健康防疫教育，普及卫生知识，张贴宣传标语，防控传染病流行，保持饮水清洁，为保障人民群众的健康做工作，毫无怨言。"

1947 年 9 月后，全军部队普遍开展了以"诉苦""三查"为中心内容的整军运动。管惟滨在"三查三整"运动中，不断提高阶级觉悟。"我们每到一地，还负责群众宣传工作，用跳秧歌、唱白毛女等文艺表演等形式宣传党的政策；帮助群众生产和开展大规模土改运动，土地政策深入人心，让农民真正挺直了腰杆子。我们的军队走到哪里，都会受到老百姓的热烈欢迎，我们和群众生活在一起，时间久了相处成了一家人。"

谈到这里，管惟滨深有感慨："这三年解放战争的学习与战斗生活虽然艰苦，但我们经受了锻炼与考验。这让我更加坚定报国信念，为国家做一些事情，为人民做一些事情，这些经历对我的人生道路有着深远的意义。"

入苏联深造四年整，研制抗疟新药映初心

1953 年初，上级派管惟滨去苏联学习深造。管惟滨的导师名叫莫希科夫斯基，"他是位很有学问的老师，对我友好又亲切"。在苏联学习的四年里，管惟滨掌握了研究方法，打下了做研究工作的坚实基础，填补了基础上的不足，开始研究中国的抗疟药常山，获得副博士学位。

他讲了一件令他终生难忘的事：1957 年 11 月 17 日，在莫斯科的初冬，留学生们聚集在莫斯科大学大礼堂，见到了来苏联访问的毛主席以及邓小平等中央领导同志。毛主席亲切地对沉浸在欢乐和幸福中的留学生说："世界是你们的，也是我们的，但是归根结底是你们的。你们青年人朝气蓬勃，正在兴旺时期，好像早上八九点钟的太阳。希望寄托在你们身上，同志们，世界上怕就怕'认真'二字，共产党就最讲'认真'。"谈到此处，管老和蔼的面容

管惟滨（摄于1957年）

上洋溢着幸福，他激动地说："这个场面永远牢记在我的心里，也时刻提醒自己要努力为党工作。"事实证明，他在此后的工作中也真正做到了"认真"二字，始终没有辜负毛主席对青年留学生的期许。

管惟滨在临出国前，组织上批准他结婚，爱人是在战争中同生死共患难的同学、战友加同志张明华。深秋的11月，他依依不舍地离开了祖国和新婚宴尔的妻子，远去异国他乡列宁格勒。初到异乡，管惟滨很不习惯，冬天极冷，天寒地冻，语言不通。但是当时中苏关系友好，在老师和同事的帮助下，他凭着顽强毅力，克服了困难，顺利完成了学业。他与妻子分开了整4年，他本想学成回国之后，夫妻两人能够从此结束两地分居。

2017年11月22日，管惟滨于纪念毛泽东在莫斯科大学讲话60周年的座谈会上发言

可是那时他的妻子却因工作需要前往苏联 3 年。

管惟滨（摄于 1990 年）

7 年中，管惟滨夫妇两人通过鸿雁传书沟通日常生活，彼此的鼓励和支持化作最坚固的精神支柱。每当他收到妻子的来信，信中言语都会使他心中涌起一股暖流，变为工作动力。在祖国的利益面前，他们选择将小家搁置在心底，把对国家和民族的大爱放在首位，舍小家为国家。他们身上的这种"家国情怀"，诠释了国家至上、民族至上的可贵精神。

1958 年初，管惟滨回到上海，被分配在第二军医大学工作。他全身心地投入工作中。为了研究长效抗疟疾药物，他长期深入华南、华东农村疫区，赴泰国曼谷和英国

管惟滨（2020 年摄于家中）

爱丁堡考察分子寄生虫学，于 1990 年研制出长效抗疟药哌喹，用于中国南方抗疟，并支援越南、柬埔寨等国，获国家科技进步二等奖，享受国务院颁发政府特殊津贴，做到了"悬壶济世不图名利，造福人类不遗余力"。

　　一个国家、一个民族的强盛，总是以思想为先导，以精神为支撑。管老作为新四军战士当中的一员，青年时代投身革命，为党和人民事业英勇奋斗，铸就了新四军铁军精神。我们青年一代，要积极响应习近平总书记的号召，认真学习党史，感悟中国共产党百年奋斗的光辉历程，明白今天的和平和幸福来之不易！我们要学习管惟滨老战士"舍小家为国家"的家国情怀，学习他"悬壶济世，不图名利"的高尚品质。坚定信仰、勇敢斗争，为新时代建设社会主义现代化国家而不懈奋斗！

　　陈　静　上海交通大学 2019 级硕士生
　　林文杰　安徽科技学院 2019 级硕士生

资料来源：

2021 年 1 月 12 至 16 日，陈静、林文杰赴管惟滨老同志家中采访并参阅管老提供的文字资料。

刘天同
常怀为民情怀

刘天同（1931—2023），男，江苏涟水人，15岁继承父志参加新四军；1948年9月加入济南特别市军管会财粮部，从事接收工作，同年12月加入中国共产党；1949年5月参加上海市军管会，接收房地产；新中国成立后，长期从事上海市房地产管理，一步一个脚印地解决市民的住房难问题；1991年，从上海市土地局政策法规室主任岗位上离休。

刘天同（摄于1950年）

刘天同老同志少年时承父志参加新四军。这位已有74年党龄的老战士，亲历抗日战争胜利，目睹中国人民迎来从站起来、富起来到强起来的伟大飞跃；他长期从事上海房地产和土地管理工作，见证上海市民住房条件的日益改善和城市建设的飞速发展。他的人生经历诠释了共产党员一心为民的公仆情怀。

承父志从戎报国，体会军民鱼水情

刘天同回忆："我参加新四军是遵从父亲的遗愿。父亲名叫刘守逊，原是一名乡村教师；七七事变后投笔从戎，不幸为国捐躯。我很悲痛，对日寇更加仇恨，我决心接过父亲手中抗日旗帜，把日寇赶出国门。

"1945年春，我考入抗日民主政府创办的涟水中学。在那里，我受到先进思想启蒙。涟水中学非常重视学生的思想政治教育，在老师教导下，我文化水平与政治觉悟得到提升。当年，洛甫（张闻天）的《论青年的修养》对我启发很大，我懂得了作为一个新青年，要树立正确的人生观和世界观。我年龄虽小，无法拿枪上前线杀敌，但积极参加学校组织的抗日宣传活动，站岗、放哨、查路条，不放过一个坏人。"

1946年，15岁的刘天同在"反对内战，保卫解放区"宣传动员下，离开学校，报名参加前线宣慰团，分在新四军华中野战军第一野战医院，负责宣传慰问和护理伤病员，他由此踏上革命征程。1946年底，医院开始向山东方向转移。途中，队伍面临国民党的追击和飞机轰炸，十分危险。1947年初，国民党重点进攻山东解放区，医院又要开始转移。为保存力量，党组织将刘天同等一批年龄较小的战士，调往已北撤至山东的华中建设大学学习。

刘天同说："华中建设大学在战争环境中办学，没有固定校舍和地点，不停转移。我们边学习边行军，天作教室、大地为作业本，没有人叫苦叫累。学校每行至一个村庄，地方干部就站在村口瞭望台上，用喇叭通知全村村民为师生准备饭食。每家每户都会主动提供补给和帮助。有些家庭宁可自己不吃，也要拿出粮食、饭菜给学生。我对群众的帮助与支持充满感激，晚上借住在百姓家中，睡在铺了干草的地面上。第二天离开时，我们总把地面打扫干净、将水缸挑满了水再离开。"

在华中建设大学，刘天同深刻体会到子弟兵与人民群众的鱼水情。

参加接管济南，运送粮面支援淮海战役前线

1947 年 6 月，刘邓大军千里挺进大别山。刘天同所在的华中干部支队接到命令，前往大别山开辟新区。1948 年春节后，部队从鲁南向大别山进发。在行军途中，不满 17 岁的刘天同通过了党组织考验，于 12 月被批准加入中国共产党。时隔几十年，刘老谈到入党仍很激动："我是党的队伍中一员了！从那时起，我下定决心，一切听党指挥，努力工作，为老百姓谋福利！"

1948 年夏，国民党在战场上开始败退。随着解放区

逐步扩大，华东地区急缺干部，刘天同所在的支队不再前往大别山，转到华东财经办事处的所在地山东青州。刘天同被编入华东财办的培训班学习，为解放、接收济南做准备。培训结束后，他被分配至中国人民解放军华东军区济南特别市军事管制委员会，作为接收人员，随西线前线部队一同前进。1948年9月底，部队行军至泰安时，济南战役已取得重大胜利。刘天同等直接进入济南，他所在的军管会财粮部负责接管国民党政府的粮库、面粉加工厂等。

淮海战役期间，刘天同所在的军管会财粮部全力以赴调集粮食，支援淮海战役前线，得到了当地老百姓的全力支援。"当时，全市的运输卡车都被征用，我们每天到粮库面粉厂去过磅、装车、运送至火车站，经常加班加点工作，让粮食源源不断地运往淮海战役前线，为战役取得最后胜利提供有力的后勤保障。只要有人民群众的支持和参与，就没有战胜不了的困难与挑战！"

辽沈、淮海、平津战役胜利后，中央军委调集百万大军准备渡江，解放全中国。刘天同也被抽调南下。"我们坐火车先到鲁西南临城（今山东省枣庄市薛城区）学习城市政策，几天后，步行到徐州，与徐州军管会抽调的南下干部一起，组建成华东南下干部纵队，对内称为'华东局党校'，边行军边学习。"在徐州，他们聆听了南下动员报告，观看了京剧《闯王进京》。此剧警示南下干部，进入大城市后不要被胜利冲昏头脑、不能脱离群众。刘天同感叹道："党中央真是未雨绸缪。这个京剧对所有干部来说，教育意义很大。共产党员要时刻牢记使命，解放全中国，为人民造福。"

渡江接管大上海，军纪严明很重要

1949年4月初，南下干部纵队从徐州出发，先坐火车东行到运河东站下车，沿着运河东岸开始步行。刘天同因是江苏人，被分配打前站。他们行军至扬州宝应时，开始学习党的七届二中全会文件。时至今日，刘老还能流利背诵"夺取全国胜利，这只是万里长征走完了第一步……务必使同志们继续保持谦虚谨慎不骄不躁的作风，务必使同志们继续保持艰苦奋斗的作风"等内容，可见他把文章内容印入脑海，把精神融入骨髓。

到达扬州时，我军已渡过长江并很快解放南京。南下干部纵队被安排前去接收上海，于4月底渡江到达镇江丹阳，参加集训，学习入城纪律和城市政策等必要知识。刘天同因属于济南军管会财粮部属财经系统，被分在中国人民解放军上海市军事管制委员会财政经济接管委员会房地产接管处。

5月中旬，上海战役打响，他们在无锡东北郊一个叫洛社附近的村庄住下待命。当时，行军途中，解放军官兵都喜欢朗读毛主席的最新诗词："军队向前进，生产长一寸，加强纪律性，革命无不胜。"一次，一位战士在驻地村边小河里捞了半筐蛤蜊，准备改善伙食，被队领导看到后狠狠地批评：这是违纪，是侵犯老百姓利益。这位同志只好将蛤蜊倒回河里。一件小事，足见人民军队对严格纪律、维护群众利益的重视程度。

5月27日，上海解放。刘天同所在的房地产接管处进城，接管了国民政府行政院所属的中央信托局房屋地产处、苏浙皖敌伪产业清理处和中央银行等单位的房地产。他参与了对国民党政府机关和战犯、官僚买办房产，以及日本敌伪时期房地产的调查接收工作。有一次，刘天同他们在接管巨鹿路一处原国民党军官的房产时，发现里面汽车、冰箱、家具、名画、衣物等应有尽有。他们恪守纪律、未动一物。

进入上海，军管会接管干部保持艰苦奋斗的作风，实行供给制，吃饭仍由一起南下的炊事员烧大锅饭，住宿则是睡在地板上。每月仍是一斤猪肉、二两旱烟钱，女同志多一份卫生费。夏天到了，他们穿着各式各样的军装。后来，每人做了一套蓝制服。

刘天同总结："上海能够顺利解放并完整接管，数万栋房屋建筑及大批工厂机器设备能够完整地保留下来，关键是党的城市政策正确，也与地下党组织的多年斗争密不可分；这是解放军战士用生命和鲜血换来的，也是接管干部们严格执行政策纪律的结果。中国共产党能取得全国胜利、赢得民心，除了党的宗旨和政策好之外，军纪严明很重要，官兵不拿群众一针一线。"

解决群众住房难，人民甘苦放心间

1950 年 7 月，接管工作告一段落。刘天同被调到上海市房地局人事科工作。1953 年后，他相继被提拔为人事科副科长、科长，至今还保存当年陈毅市长签发的任命通知书。

1957 年，上海市局机关组织结构调整，刘天同主动要求从事房地产管理的实际工作，被调到榆林区（后并入杨浦区），先后任区房地局副局长、局长，一干就是 20 多年。刘天同回忆道：

"杨浦区是上海老工业区，居住条件差，大批工人住在工厂周围的棚户区，有的住在'滚地龙'里，有的几代同堂挤在狭小空间，不仅安全系数低，卫生条件也很差。我每天要批阅数十封要求解决住房问题的群众来信。

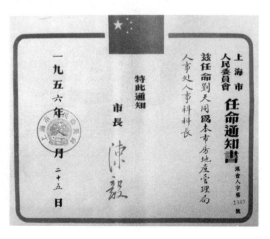

刘天同的任命书

"我看在眼里、急在心上。我带领区房地局广大职工实地调查，了解群众住房现状和需求，想方设法解决居民住房难问题。一方面对现有住房加强修葺，对棚户区和旧房进行改造；另一方面加快建设新住宅区。在住房分配工作中，我坚持按政策原则办事，把有限的房源按照政策分给最困难的群众。为保障公平公正，我采取民主评议、张榜公布的方法。一些分到住房的群众送来礼品感谢，都被我一一退回。我还号召居民爱护房屋建筑，发展园林绿化。"

20多年来，刘天同几乎走遍了杨浦区所有里弄新村，该区的房管工作和住宅建设也走在全市前列。而他和家人，至今仍住在20世纪50年代分配的一室户里。

改革开放后，刘天同先后担任过上海市房产经营公司总经理，上海市土地局使用处处长、私房管理处长和土地

刘天同（2020年1月摄于家中）

局政策法规室主任等职，参与住房制度和土地使用制度改革与浦东开发开放，继续发挥重要作用。

入党74年来，刘老作为老党员、党的基层领导干部，用实际行动践行了党的群众路线。他尤其从住房改造、居住环境等上海市民关注的热点和难点出发，为市民改善居住条件，逐步创造美好、幸福的生活，刘老说："正如习近平总书记提出，要不忘初心、牢记使命，这是十分重要的，但关键还是要将口号落实到行动中。我所做的事情是我入党时立下的志愿，应该做的。"刘老从事的每一项工作都从群众利益出发，严格履行党员职责，他的政治品格和清廉品德，值得新时代青年党员深刻思考与学习。

彭冠锦　上海交通大学2019级硕士生

刘镜尧　中国人民公安大学2016级本科生

资料来源：

1. 2020年1月16日，彭冠锦、刘镜尧在刘天同家中采访的记录。

2. 刘老提供的个人回忆录《家国琐忆》及刊发表在报刊上的文章。

后　记

习近平总书记于 2013 年强调，历史是最好的营养剂。向青少年讲述近百年前中国爱国青年的故事，了解他们所思所想、所言所行，利于当代青少年赓续红色血脉，接过中华民族伟大复兴的旗帜继续前行。《给青少年讲新四军老战士的故事》，遴选参加过抗日战争、解放战争，新中国成立后长期在上海工作和生活的老战士；以老战士本人口述资料为依托，结合个人档案、发表的著述、权威史料并采访其家属，展示老战士在革命年代尤其是在抗日战争时期的峥嵘岁月，形成通俗易懂、生动活泼的真实故事，教育新时代青少年。

据不完全统计，截至 2021 年初，上海市健在的新四军老战士不足千人，最年轻者已九十余岁；能接受采访者更是寥寥。本书所选的老战士多思路清晰、记忆力好，能说、能写，讲述的故事能从《自传》等史料中得到印证，有可信性。采访内容主要包括：何时参加革命工作？为何参加新四军？何时入党？为何入党？入党情形如何？在人生重要阶段做出哪些贡献？有何感受？对青年的寄语……采访者的感想等等，以期达到资政育人之效。

我们花了一个暑假时间，联系上海市新四军暨华中抗日根据地历史研究会，搜集新四军老战士简历和联系方式，并一一打电话落实。这是个艰难的过程，因老战士皆年过九旬，许多人已经过世，有的住在医院，只有少部分思路清晰、交流顺畅，可以接受采访。2019 年暑期，采访工作开启，因学生不在校，采访规模不大；开学后，马克思主义学院"中国近现代史基本问题"专业全体硕士研究生参加。

我们没有料到，采访新四军老战士工作引起这么大反响，上海市新四军暨华中抗日根据地历史研究会领导、行政人员以及新四军老战士都非常振奋，积极配合。老战士们觉得党和人民没有忘记他们，满怀深情地回忆峥嵘岁月，倍感自豪。

2020 年 1 月 20 日，上海市新四军暨华中抗日根据地历史研究会 46 名百岁老战士给习近平总书记写信，汇报思想和工作。更没想到，习近平总书记于同年 2 月 18 日回信，充分肯定老战士对中国革命的贡献及离休后的育人工作。

2020 年 2 月 20 日，习近平总书记在"党史学习教育动员"大会上发表重要讲话。本书编者备受鼓舞，积极响应号召，决定扩大采访队伍，吸纳上海交通大学各学院 2020 级 40 余位本科生，开展实践教学，利用节假日和周末采访健在的新四军老战士或家属，并挖掘和整理百年交通大学的党史，其中涉及 20 多位新四军老战士。

本书入选的在沪新四军老战士，来自新四军军部和七个师，他们经历抗日战争、解放战争和抗美援朝等血与火的考验，既有 2021 年 1 月 20 日给习近平总书记写信的百岁老战士施平、程亚西、王维、黎鲁、熊士成、肖木、钟少白、顾海楼、胡友庭、刘丸、石丽、虞鸣非、王静生等，也有已故新四军老战士如彭康、廖乾祥、莫林、邓旭初、周之德、朱文生等，还有采访时健在的新四军老战士石刚、黄迈飞、张格海、刘汉山、管惟滨、刘天同等老同志。

新四军老战士的故事是党和国家宝贵的精神财富。他们在民族危亡之时，义无反顾地加入抗日队伍，为了民族独立和人民解放作出了卓越贡献。抢救性采访、搜集、整理、出版他们的故事，贯彻习近平总书记在党史学习教育动员大会上讲话精神，教育青少年传承革命传统、培养家国情怀，有重大意义。

本成果是上海交通大学马克思主义学院 2019 年"学术助推项目"的研究成果，并得到上海市学生德育发展中心德育专项资助。课题负责人、主编张玲制定采访提纲，并邀请上海市新四军暨华中抗日根据地历史研究会、上海市教育委员会及上海交通大学党委的相关领导给予指导，共同推进这项工作。

本书编著者既有高校长期从事中共党史研究和教学的学者，也有长期从事青少年教育工作的领导者。本书由主编张玲统稿、修订并最后定稿，荣誉主编刘苏闽、宗爱东和主编张杨参与部分文章修改工作。

感谢上海交通大学党委常务副书记顾锋教授给予指导、帮助和关怀！顾书记近几年主管上海交通大学文科建设，他是学者型管理者，站在国际学术前沿为教师学术发展提供机会，为推进学科建设、寻找发展平台积极奔走，推动上海交通大学近些年文科获得突飞猛进的发展。

感谢原上海交通大学党委副书记和"关心下一代工作委员会"主任蒋秀明老师、老干部处党委书记颜淑霞老师，提供上海交通大学新四军老战士的名单，为采访提供便利条件！感谢文博馆党政领导和员工提供查档便利条件，及提供新四军老同志或家人信息！感谢上海交通大学团委钱文韬、汤淏溟、赵鹏飞等老师给予的帮助！

感谢高校中国共产党伟大建党精神研究中心对于研究项目的支持。尽管书稿立项启动在前，研究中心成立在后，但是，研究中心成立后立即着手推进一系列研究项目活动，犹如一阵春风，促进了党史学习教育研究，让人倍感温暖！尤其是研究中心办公室发现本项目之后，即刻予以热情的关怀和鼓励，让本书编者体会到他们的务实作风并倍感振奋和激动！

感谢上海交通大学马克思主义学院院长邢云文等党政领导、专家的关心支持，感谢上海市教卫工作党委宣传处、上海市教科院、德育院等市教委领导的关心支持，使该项抢救性工作有了坚强后盾！感谢上海市党史学会会长、原上海大学党委副书记忻平教授，感谢上海市新四军暨华中抗日根据地历史研究会《大江南北》杂志主编杨元华教授，百忙之中给予大力支持和帮助，让老战士的故事变成铅字，教育更多青少年。感谢上海市新四军暨华中抗日根据地历史研究会副会长、上海交通大学陈挥教授，他们对本书给予宝贵的指导意见和建议！

感谢上海交通大学出版社社长陈华栋，编辑钱方针、任迪、黄婷蕙等老师的支持和帮助！中间几易稿件，他们不厌其烦、耐心、细致的工作让人感动！

感谢参与采访的品学兼优、才华横溢的上海交通大学马克思主义学院硕士研究生和来自各学院的本科生！硕士研究生彭冠锦、徐佳敏、陈静、马书航、任吉、邹萌、胡颖莹，她们在此基础上参加全国第十七届挑战杯大赛，荣获红色赛道一等奖，祝贺她们！

感谢我的丈夫刘兆强对我的理解、关心和支持。我们相濡以沫近30年，他在我外出工作无法按时回家时，于繁忙工作之余，任劳任怨地承担家务！感谢儿子刘镜尧，他利用2019年暑期陪我一起采访部分老战士；2020年初我最繁忙时，代我与研究生去聆听老战士的历史故事！

参加采访的研究生和本科生：廖钰、彭冠锦、徐佳敏、陈静、马书航、朱丹、任吉、邹萌、胡颖莹、王晓云、梁雨珂、胡冠宸、任欣、金何晞、董文韬、蒋伟、阳浩宁、金驰、邰潇逸、吴慧羽、高梓傲、王政、王扬、王思淇、吴政达、卜艺康、吉润泽、王乃麟、林成杰、许易成、杨皓然、鲁颜玮、褚文杰、梁亦通、程磊、李厚霖、陈萃岚、朱文铄、黄伟、李元、陈星晗、陈赵巍、孙佳骏、张若珩、程羽萧、田倞、李盼、刘镜尧、林文杰。我对你们表示诚挚的感谢！

张　玲

2022 年 1 月 30 日

后
记

297